仕事も人間関係も
うまくいく

ANAの気づかい

37ACTIONS THAT MAKE EVERYONE SMILE—THE ANA WAY

ANAビジネスソリューション

私からお客様へ。
私からチームの仲間へ。
私から上司や部下へ。
その「気づかい」は広がり、
仕事の成果につながっていく。

はじめに

本書は、ANA社員たちが日々実践してきた「気づかい」のコツを1冊にまとめたものです。勤続20年以上の現役社員、そしてOBたちにインタビューし、彼らがそれぞれの現場で努力を続け、人から人へ受け継がれてきた、いわば「口伝の技術」を初めて公開しています。

2013〜2015年、私たちANAは、英国SKYTRAX社のエアライン・スター・ランキングで、**3年連続・世界最高評価の「5スター」**を獲得することができました。

「国内で唯一、世界で7社」という結果を、なぜANAが達成することができたのか？――その要因のひとつに、社員一人ひとりが実践してきた「気づかい」があります。

もともと「弱小エアライン」「後発」の立場からスタートした私たちには、潤沢な資金も、最新設備もありませんでした（1986年に初めて国際線に進出した当時、空港の事務所はプレハブでした）。私たちは、とにかく愚直に「お客様満足」を目指すことしか、武器を持っていなかったのです。

「気づかい」とは、想像すること

「気づかい」は、耳に心地よい言葉ではありますが、どうしても曖昧《あいまい》なイメージがつきまといます。なぜなら、「マナー」はマニュアル化されていても、「気づかい」は個人の裁量に任されていることが多いからです。

また、言葉の定義が曖昧であるため、人によってその考え方は千差万別です。

私たちが研修を行っている企業でも、

「若手が気が利かなくて悩んでいる……」

「自分が気をつかったつもりでも、お客様にとっては迷惑になってしまった」

といった声をよく聞きます。

本書では、ANAの気づかいをつぎの2つに定義しています。

❶気づかいとは、「相手のこと」を想像する習慣
❷気づかいとは、「一歩先のこと」を想像する習慣

普段「気が利くな」「おもてなしができる人だな」と感じる人は、この2つを実践していることが多いのです。「想像する」というと少し大げさですが、特別に考える必要はありません。

気づかいとは、いわば「くせ」「習慣」です。慣れてしまえば、歯磨きをするように、毎日自然とできるようになります。

ボトルネックの9割は「感情」

いま、ビジネスの現場では一人ですべての仕事を完遂する機会は減り、得意分野を持ち寄って、チームごと、プロジェクトごとに「早く、確実に」成果を出すことが求められています。

当然、チームメンバーとは初対面のこともあるでしょう。職場によっては、違う企業文化の人たち、違う国の人たちといっしょに仕事をする機会が訪れることもあるかもしれません。

そんなとき重要になるのが、ちょっとした「気づかい」です。サービス業だけに留まらず、**前提を共有していない相手と同じゴールを目指すため、「気づかい」は必須のビジネススキル**になりつつあるのです。

前提や環境が違う人たちと仕事をする上では、当然、摩擦が生まれます。仕事がうまく進まない、相手がうまく動いてくれないというとき、たいていそのボトルネック（主要な原因）となっているのは、人の感情です。いくら機械化、効率化が進んでも、感情は簡単に動かすことはできません。人間だけが持つものだからこそ、人間にしか解決できないのです。

例えば部下に「この仕事、よろしくね」と言ったのに、なかなかやってくれない。

そのとき、

- 「どうしてやってくれないんだろう？」と、相手のことを想像する
- 相手のために先回りして、手を差し伸べる

それが気づかいです。

キャリアに関係ない。だから誰にでもできる

私たち**ANAの社員に、生まれつき気づかいができる人は一人もいません。**

グループ社員3万人は新人として入社し、職場で多くの失敗と試行錯誤を繰り返しながら、少しずつ学んできました。

そして毎日毎日、少しずつ実践することにより、それは習慣に変わってきました。

もちろん、いまもまだまだ……勉強中です。

だからこそ本書で紹介する内容に、難しいものはひとつもありません。どんな職場でも、入社何年目であっても、今日から簡単に実践できるものばかりです。

私たちANAが企業努力の中で一つひとつ積み重ね、現在も継続している「気づか

い」のコツが仕事・人間関係に悩むみなさんのヒントになれば、これほどうれしいことはありません。

ＡＮＡビジネスソリューション

Contents

Chapter 1

「気づかい」は成果に必須のビジネススキル

Chapter

2

すべての気づかいは「時間を守ること」から始まる

Chapter 3

「お客様をよく見る」のが接遇の基本

Chapter

4

初対面で「すぐに打ち解ける」にはコツがある

Chapter 5

気づかいの「マジックフレーズ」で人を動かす

Chapter

6

ANA流「上司から部下」への気づかい

Chapter 7

気づかいを「チーム」で活かす方法

本文デザイン／新田由起子（ムーブ）
本文図版制作／ムーブ

Chapter 1

「気づかい」は成果に必須のビジネススキル

Action 01

気づかいは、CAだけのものではない

POINT

「気づかい」とは、すべての仕事の成果のために「なくてはならないもの」。秘書やCA（客室乗務員）のような専門職だけに必要なものではない。

「あるとよいもの」ではなく「必要なもの」

なぜ、私たちはこれほどまでに気づかいを重視するのか。その理由は、**ＡＮＡの経営の基盤である、「安全」を実現するため**です。

どの企業・組織にも、その会社の存在意義、至上命題があるはずです。

「顧客価値を創造し、社会を発展させる」
「人々の生活を豊かにする」
「お客様の満足をなにより追求する」……。

ＡＮＡにおける至上命題とは「安全」です。

本書ではこれから何度も触れることになりますが、私たちＡＮＡ社員にとって「飛行機を安全に飛ばす」ということは、なにがあっても譲れません。

ＡＮＡのパイロットは、こんなことを言います。

「スタッフのみんなが安全運航のための気づかいをしてくれる。それに対して、パイロットが『いつも（安全に飛行機を飛ばす用意をしてくれて）ありがとう』と言葉をかける。気づかいが、私たちにとって必要な『安全の確保』を支えているのです」

ＡＮＡの整備士は、こう言います。

「整備でミスをしないためにも、伝えたいことが伝わる人間関係にするために気づかいは必要です」

ＡＮＡのＣＡは、こう言います。

「人と人とのすべてのコミュニケーションのベースにあるもの、それが気づかいだと思います」

ＡＮＡでも「気づかい」に対する、さまざまな捉え方はあるものの、全社員に共通していることがあります。

それは、**「気づかいは仕事をする上で必須のビジネススキルだ」**ということです。

ANAグループでは、3万人を超える社員にとって気づかいは必要なもの、と考えています。

「気づかい」で安全性が確実に高まる

先ほど「気づかいが、私たちにとって必要な『安全の確保』を支えている」と述べたのは、勤続21年、ボーイング767の機長をしているパイロットの猿棒正芳です。

猿棒は、常にとなりの副操縦士に、気づいたことをなんでも言ってもらえるような人間関係を、気づかいによってつくろうとしています。

「私も含めて、人間誰もが完璧ではありません。機長である私から副操縦士に、『ちょっとでも気づいたことがあったらなんでも言ってね』と進んで言っておかないと、相手は『機長の下す判断は完璧に違いない』と過信してしまう。むしろ『キャプテン、こうではありませんか』と疑問を投げかけてもらうほうが、確実に安全性は高まるんです」

言いたいことが伝わる人間関係

「伝えたいことが伝わる人間関係にするために気づかいは必要」と述べたのは、30年以上整備部門に在籍し、ANAグループ内で社長も務めた、ANAビジネスソリューション参与、ヒューマンエラー対策講師の山内敏幸です。

パイロットやCAもそうですが、山内が長年在籍した整備部門もまた、複数の整備士が連携をとりあって仕事をします。

「整備の目的である安全運航を達成するためには、仲間に伝えたいことが伝わらなければなりません。そのベースには人間関係があると思うのです。相手の状況を考えた上で伝えないと、相手にきちんと伝わらない。だから、なんでも話し合えるような人間関係を積極的につくっていく。気づかいの大きな役割は、そこにあると思います」

チームで取り組む仕事を確実に前に進めるためのベースとなるのは人間関係で、人間関係は気づかいによって構築されていく。そのように考えているわけです。

「心」を行動にして表す

「すべてのコミュニケーションのベースにあるものが気づかい」と述べたのは、20年以上客室センターに在籍し、品質部門でリーダーを務め、チーフパーサーとして乗務している、ANAビジネスソリューション人材・研修事業部副部長、接遇マナー講師の林靖子です。

「相手に対するおもてなしや思いやりを体現するために、なくてはならないものが気づかいなのだと思います。ANAでは、知らない間にみんなが気づかいをしている〝気づかい文化〟のようなものがあるのです」

お客様になにかをしてさし上げたい。ほかのCAが働きやすくなるように……。**そんな日常的な気づかいがあるからこそ、コミュニケーションが成り立っている**のです。

人と人とがコミュニケーションをしながら、同じ時間と空間を過ごす。その時間と空間を快適に過ごせるのは、そこに気づかいがあるからなのです。

Action
02

仲間を気づかわない人は、お客様も気づかえない

POINT

身内だからこそ、気づかいを忘れない。近い間柄であっても、甘えない。その心構えが最終的に、お客様満足につながる。

「5スター」の土台にある社内の気づかい

「ANAの気づかい」という言葉を見て、多くの人がイメージするのが、「お客様に対して」の気づかいだと思います。私たちも研修などで、「ANAではCS（顧客満足）のために、どんな取り組みをしているんですか？」と聞かれることがよくあります。そんなとき私たちは、

「社外に目を向ける前に、まず社内を見てください」

と、お伝えしています。

もちろん、真のお客様はANA便を利用されるお客様だということは、どの職場の社員も理解して業務にあたっていますが、その上で**気づかいが「社内」で浸透していることこそ、他社にはないANAの特徴**だといえます。

なぜ、社内の仲間同士、メンバー同士で気づかいをするのか？　その理由はシンプルで、社員同士の気づかいが、お客様への気づかいの「土台」となっているからです。

しかし、サービス業など、直接お客様に接する職種の人ほど、「社内への気づかい」

を忘れてしまいがち。お客様には丁寧に接したり、接客の技術を磨くことには一生懸命なのに、その考え方が社員同士では実践できていないのです。

でも、考えてみてください。

機内でにこにこして接客しているＣＡが、裏方のギャレー（機内の調理室）に入った途端、大きな声で、汚い言葉づかいで後輩に接していたらどうでしょう？　お客様からの信頼は、一瞬で揺らいでしまいます。お客様に対しても、いっしょに働く仲間に対しても、同じような態度で接することをＡＮＡの社員は心がけているのです。

前工程の仕事を無駄にせず、後工程の仕事をしやすく

ＡＮＡでは、パイロット、ＣＡ、整備士……すべての職種において、前工程の人の作業なしには、自分の作業は成立しません。そして、後工程の人の作業なしには、全工程は完了せず、自分の作業は無価値になってしまいます。

前工程の作業も、後工程の作業も自分になくてはならない。ＡＮＡの社員たちは、そのことを身をもって知っています。だから、前工程の人にも、後工程の人にも、気

づかいの心をもって接しています。

整備士の山内は、長年、フライトとフライトの間に機体の整備をする「ライン整備」の部門に所属していました。

その立場から、**気心の知れた整備士仲間であっても、前工程と後工程の人たちのことを「お客様」と仮定して仕事をしていた**と言います。

「私一人で出発前の準備をすべてできるわけではありません。飛行機を安全に飛ばすという目的のために、車検のように格納庫で定期的に整備をするドック整備の部門の人もいれば、エンジン単体を整備するエンジン整備の人もいる。そうした前工程の『お客様』がいるから、つぎのフライトに向けた整備ができるのです」

もし自分の失敗で、その飛行機が飛べなくなったとすると、それまで準備をしてくれた人に対して申し訳ない。

定期的なドック整備をしたり、エンジンや装備品を整備したりして、自分のライン整備の作業が行える状態を、前工程の人が整えてくれている。そうした人たちの存在を「お客様」と考えているわけです。

30年以上整備部門に在籍し、ANAグループ内で社長も務めた、ANAビジネスソリューション参与、ヒューマンエラー対策講師の富田典明は、現業整備部門などの作業者を技術的に支援する部門で長らく勤務をしてきた立場から、こう話します。

「技術部門の仕事に就いたのは1985年。そのとき、上司からは『技術部門の仕事は、現場の整備士たちが仕事をしやすくするためにあるものなんだ』と言われました。技術部門はお客様と直接接することはありませんが、後工程にあたる現場の整備士たち、いわば『内部顧客』を満足させることを、常に考えて仕事をしていました」

立場の違う社員も「お客様」なら敵にならない

えてして企業では、立場や部署が異なる人に対して、「言ってもなかなか通じない」とか、「営業部門と企画部門は敵である」といった意識が働きがちなもの。

すると「前工程のやつらがちゃんとやらないから、自分の作業がはかどらない」とか、「自分はせっかくがんばっているのに、後工程のやつらがそれを活かしてくれない」とか、不満が生まれがちです。ますます部署同士の敵対意識が高まっていってしまいます。

しかし、仮に前工程の人も、後工程の人も「お客様」と仮定してみると、「立場や作業内容は異なるけれど、相手の立場も尊重しよう」という気づかいの気持ちが生まれてくるのです。

Action
03

気づかいとは、「5秒先の未来」を想像する力

POINT

事前に一歩先を想像しておくことも、気づかいの重要なポイント。特に、最悪の事態を想定しておくことで、なにが起きても慌てずに対応することができる。

想像するのは、5秒先だけでいい

「はじめに」で、気づかいとは「相手のこと」そして「一歩先のこと」を想像する習慣だと述べました。一歩先を想像すると言っても、1年先、3年先まで想像する必要はありません。

CAの林は、**「常に5秒先の未来を想像している」**と言います。

例えば、飲み物を飲み終わりそうなお客様がいたら、そのタイミングでおかわりを用意するか、紙コップを下げる準備をする。席で赤ちゃんが泣き出しそうであれば、おもちゃをお持ちする。たった5秒先を見通すだけで、できることはたくさんあります。

整備士の富田には、「一歩先を想像する習慣」を体現する上司の思い出があると言います。

「上司のAさんは、常に先を考えて行動していました。社内や社外の会議でなにを質問されても、絶対に答えられるのです。新人時代は、なぜこんなことができるのか、不思議でたまりませんでした」

でも仕事ぶりを見ているうちに、それが緻密《ちみつ》で周到な準備の上に成り立っていることがわかってきたと言います。

「部下である私たちにも『次回はこういう質問がくるだろうから、ちゃんと検討しておけよ』とよくアドバイスをしてくれました。それで、実際その場になると、まさにAさんが予想していた質問がくるんです」

「遅れそうなら、○○の時点で伝えてね」

整備士の山内は、部下に指示するときには**「うまくいかなかった未来」を想像して、事前に伝える**ようにしていました。

例えば機体の部品交換の作業は、その後のフライトの時刻が決まっているため整備士に「時間どおりに仕上げなければ」というプレッシャーが強くかかります。そのような場合は誰でも焦ってしまいます。だからこそ、悪い状況を事前に想定して、作業を始める前から「遅れそうなら、○○の時点で教えてね」と伝えておくのです。事前に「うまくいかなかった未来」を想像し、部下と共有しておくことで、もしその事態が起きたときも、慌てずに対応することができます。

自分一人で行う仕事でも、

・予定どおりに作業が進む場合
・予定どおりに作業が進まない場合

また、「作業に支障が出る要因」を事前に想像しておくと、受け身ではなく、自分から主体的に仕事を進めることができます。

Action
04

気づかれない気づかいこそ「金」

POINT

気づかいとは、相手に気づかれなくても価値は変わらないもの。気づかいしていることをアピールするような行為は、かえって価値を下げるおそれあり。

「見られたいアピール」が加わると気づかいの価値は下がる

「相手に気づかれようとする気づかいは、銀」
「相手に気づかれない気づかいは、金」

20年以上客室センターに在籍し、フライトマネージャーを務め、チーフパーサーとして乗務している、ANAビジネスソリューション人材・研修事業部の主席部員、接遇マナー講師の加藤絵里子は、自分たちが考える「気づかい」をこのように表現します。

人は、自分が人のためと思って行うことに対して、つい「見返り」を期待してしまうものです。

例えば、職場のシュレッダーが刻んだ紙でいっぱいになっていることに気づいたので、それを束ねて掃除したとき、まわりの誰かから「きれいにしてくれてありがとう」と言われるかもしれませんし、言われないかもしれません。それでいいのです。

ＣＡの林も、「やってあげましたからね、とアピールするような行為は、お客様にもよくないし、同乗クルー同士でもよくない。それが気づかいといえるかどうか」と話します。

誰も見ていなくても、シュレッダーがいっぱいなら、片づける。人に気づかれても気づかれなくても、つい行動に移しているような気づかいこそが〝金〟というわけです。

「陰徳あれば陽報あり」の心で

パイロットも、誰も見ていないところで気づかいをしています。

「『普段と同じ高度で飛ぶと、今日は揺れが起きそうだな』という場合、ＡＮＡのパイロットは、燃料と時間が少し余計にかかったとしても、計画の段階で揺れが少ない高度を選ぶことがあります。フライトごとに、最も良いと考えられる選択をしているのです」と話すのは、機長の猿棒です。

このとき、わざわざパイロットが機内アナウンスで、「今日は、いつもの高度を選ぶと揺れてしまうので、別の高度を選んで揺れないようにしています」などとお客様には伝えません。つまり、**揺れそうなとき「揺れるおそれがある」というアナウンスはしても、揺れない努力をした結果「揺れません」とアナウンスすることはない**のです。

自分のしている気づかいを、相手に気づいてもらって「ありがとう」と言われれば、うれしい。けれども、相手に気づいてもらえなくても、相手が普通に時を過ごすことができているならば、それもまた自分が気づかいをした甲斐があったと考える。見返りは期待しない。それぐらいの気持ちで、みんなが気づかいをすると、とても過ごしやすい環境が生まれるものです。

「陰徳あれば陽報あり」という故事成語があります。人知れずよい行いをする者には、かならずよい報いがある、という意味の言葉です。

例えば、その場では、その気づかいは誰にも気づかれなかったとしても、**気づかれない気づかいを積み重ねていくことは、きっと自分の将来に、そしてまわりの仲間たちの将来にとってプラスになる。そう考えるところに、気づかいの本質がある**のです。

Action 05

先輩が後輩に気づかいをする

POINT

気づかいは目下の者が目上の者にするというイメージが強い。しかし、上司や先輩は、部下や後輩への気づかいで、モチベーションを引き出す責務を担っている。

部下に気づかいするのは「時代だから」ではなく、「重要だから」

「気づかい」といえば、かつては目下の者が目上の者にするものと考えられがちでした。朝、職場で部下が部長の出勤前にデスクを拭いておく、女性社員が部長にお茶を出す、若手社員が部長のためにコピーをする……など、時代が変わっても、まだまだ上下関係が残っている職場も多くあるでしょう。

しかしANAにおいて、気づかいの主体は、決して部下や後輩だけではありません。部下に指示を出す上司、後輩にアドバイスをする先輩など、指示する側の人にとっても、気づかいをすることはとても大切です。

この本に登場するANAの機長、CA、整備士たちは、部下の社員に気づかいすることの大切さを、それぞれの立場からこう話します。

「その日そのフライトを成功させるためにクルーが集まります。クルー一人ひとりのパフォーマンスを最大限に発揮してもらえるよう、話しやすい雰囲気を機長がつくらなければなりません。小さな異変でも気づけば報告してくれる状況があれば、それだけ安全性が高まるからです。『すみません、ちょっと気になることがあるんですけれど』と言ってもらえる雰囲気をつくるのは、機長の責務です」（機長の猿棒）

「ＣＡの上に立つチーフパーサーは、ＣＡのモチベーションを高めることにとりわけ努力します。元気のないＣＡがいたら、フライトが始まるまでにそのＣＡの心をもちあげることは必須です。本人の気持ちに寄り添って、『なにかあったの？』と聞きます」（ＣＡの加藤）

「部下に指示をする場合、目的や方針を明確に伝えなければなりません。なぜそれをやるのか、いつまでにやらなければならないのか。そういう指示を明確にしてあげないと、指示を受けた部下も困ってしまいますから。上司は明確に伝えるということを意識して、気づかいをしなければなりません」（整備士の富田）

パイロットから始まった「アサーション」

ＡＮＡでは「アサーション」という活動が浸透しています。例えばパイロットの間では安全のために、

「機長 → 副操縦士」

だけでなく
「副操縦士 → 機長」

に情報がしっかり伝わるよう、上司側も気づかいをする、言いやすい雰囲気をつくるという活動です。この活動は、パイロットの間で始まり、現在ではＣＡ、整備士など、グループ全体に広がっています。


組織というのは、放っておくと「トップダウン」になるのが常です。上層部が組織を管理するうえで都合がよいから、と思われがちですが、実は部下の側も、「これをやれ」と言われるほうが、自分で考えて行動しなくてよいため、楽なのです。上から言われたことをやっているだけであれば、当然、責任をとらなくてもよくなります。

しかし、ANAにとっての至上命題である「安全」を考えたときに、これはとても危険な状態です。現場（部下）からの情報が上がってこないと、間違った判断をしてしまう可能性があるからです。

上司も「遠慮」する必要はない

アサーションという言葉は、最近外資系企業などでも研修を実施している会社が多く、一般的になってきました。一方で、「立場にかかわらずなにを言ってもいい」と誤って意味を捉えてしまい、部下から上司への単なるわがままを正当化してしまう……という場面もあるようです。これは、ANAが考える気づかいの文化とはまったく異なるものです。

アサーションの本来の意味は「健全な自己主張」です。「下から上」はもちろんのこと、「上から下」にも遠慮せず、お互いの意見を伝え合うことが重要です。

Chapter

2

すべての気づかいは「時間を守ること」から始まる

Action
06

気づかいとは「準備すること」

POINT

気づかいとは、一歩先を見越して対応する力。そのためのしっかりとした準備こそが、本番での成功を導く。

仕事は「準備段階」と「本番」の繰り返し

本章では、仕事において最高の力を発揮するための「ＡＮＡ流タイムマネジメント」についてお伝えします。

ＡＮＡグループ社員が「安全」のつぎに重要視しているもののひとつが「定時運航」です。 時間を守らない航空会社は、いざというとき、絶対に選ばれません。これは、「人」においても同じ。ここ一番で「大切な仕事を頼もう」と思ってもらえるのは、時間を守る人です。

どんな仕事であっても、時間、約束を守る行為は、すべての人間関係、信頼の「土台」となります。そのために、一にも二にも「準備」がものを言います。

みなさんの仕事にも、「準備をする段階」と「準備したことを発揮する本番」があることと思います。

・会議の資料をつくり発表のしかたをイメージしておく（準備段階）
←
プレゼンテーションに臨む（本番）

・営業活動で商品を説明するための資料を読み込んでおく（準備段階）
←
顧客に面会して商品を説明する（本番）

・イベントの詳細スケジュールを立ててリハーサルをする（準備段階）
←
イベントを運営する（本番）

規模の大小はありますが、日々の仕事は「準備する」と「準備したことを実践する」の繰り返しで進んでいくものと言ってよいでしょう。

機内食に合うワインを提案する

ＡＮＡのＣＡも「準備する」時間を大切にしています。

例えば、あるＣＡがシアトル行きの便に乗務したとします。

そのときに機内食として提供する食材はもちろんのこと、その食材に合うワインの知識について事前に頭に入れておく。そうすれば、お客様に自信をもって食事やワインについて説明し、薦めることができますし、それがお客様との会話の糸口になるかもしれません。

また、食材やワインの知識は、「ここまで身についたから終わり」という限度がありません。お客様に料理とワインを楽しんでいただくために、日頃から知識を得ることを意識しています。

100%ではなく「120%」の準備をする

整備士たちの間でも**「段取り八分」**という言葉が浸透しています。「段取り」とは本番に向けて手順を整えておくこと。本番の成否の「八分（8割）」は「段取り」によって決まるというわけです。

整備士の山内はこう話します。

「整備が必要な飛行機を、つぎのフライトの出発までに整備して飛ばすためには、事前の情報入手、部品や工具、マニュアルの準備、そして作業者同士の意思疎通をはかっておくことが大切です。そして、常に想定どおりにいかない場合のことまで考えて準備をしておきます。例えば、事前情報と少し異なる、予定していた作業に追加作業が発生する、標準作業時間から大幅なズレが生じる……といった状況などです」

想定どおりの部品や工具で済む場合を100%とすれば、事前に120%の準備をしておくのです。

120%の準備をする

飛行機をつぎのフライトまでに整備するには……

- 事前の情報入手
- 部品や工具の準備
- マニュアルの準備
- 作業者同士の意思疎通　など

通常どおりの準備
↓
100%の準備

＋

- 事前情報と異なる
- 追加作業が発生する
- 標準作業時間から遅れる　など

予定どおりに進まない
ことを想定して準備
↓
120%の準備

**120%の準備をしておくことで、
さまざまなシーンやトラブルに対応できる**

Action

07

翌日話す「台本」を暗記する

POINT

いきなり本番に臨むとうまくいかないことも、本番前に練習しておけば大丈夫。「台本」を使って暗記しておくことは、オフィス業務にも有効。

イメージフライトを済ませておく

では、限られた時間で、実際どのように準備をすればよいのでしょうか。ANAの社員が実践している具体的な方法のひとつとして、「本番での自分の振る舞い方を徹底的にイメージしておく」というものがあります。

そのイメージづくりは、「なんとなく場面を想定しておく」という程度のものではありません。**「自分が見るであろう光景や、自分が発するであろう言葉などを、書き留め、暗記する」**という徹底的なものです。

機長の猿棒は、機長に昇格する前の副操縦士だった時代から、フライトの前日に「イメージフライト」をしていると話します。

「副操縦士になりたてで、まだフライトにあまり慣れていないころには、フライトの前日に4、5時間かけてイメージフライトをしました。予想天気図を見て、『どの高度を選ぶか、どの高度まで選択できるか？　上限は？　下限は？』などを考え、また、着陸する空港の滑走路について、空港周辺の地図を見ながら『山がここまでせり出していて、鉄塔もこの位置にある。そうであれば、着陸3分前にはこの高度は保っておかなければならないな』と考えを巡らせます。

さらに、『滑走路は1本だな。天気がよくなければ、電波を頼りに着陸するしかない。でも、天気がよければ時間短縮のために、目視で降りるようにしよう。目視で降りるためには、どのポイントで、どの高さにいるべきか？　それ以下の高度は大丈夫なのか？　反対にそれ以上の高度でも可能なのか？』などと選択肢のイメージももつようにしました」

ANAのパイロットたちは、コックピットの計器が絵で描かれた紙のシミュレーター、通称「紙レーター」というポスターを部屋の壁に貼るなどして、本番のフライトのイメージをもつようにしています。

本番で話すこと一言一句が書かれた「台本」

猿棒は「自分はパイロットの中でも極端なほうなのかもしれませんが」と前置きし

つつ、「機長昇格を目指すときに、出発前の確認などの台本ノートをつくって、それを暗記して、翌日に臨むようにしていました」と話します。

その台本ノートには、例えば、つぎのようなことが書かれています。

〈出発前の確認〉

コース名「U6-88」の猿棒正芳と申します。OJTを開始して1カ月になります。よろしくお願いします。ただいまより出発前の確認を行います。（貼りだされている天気図を指さし）本日の天気概況ですが、秋雨前線が九州北部に停滞しており、今後この前線は北上するものと考えております。前線にともなう乱気流の発生により、揺れが予想されます。（パソコンの画面の前に移動、画面のヘッダーを確認）本日のフライトは、同じ機体で3便が組まれております……。

このように台本ノートに、**自分の発するセリフ、自分の行動などを、具体的かつ詳細に書き、それを音読する。そして、翌日の「本番」で同じことを実施する、という状態をつくりあげておく**のです。

これは、どんな仕事でも応用できる方法です。

例えば、人前であいさつをするとき、イベントなどで司会をするときはもちろん、少人数のチームミーティングなど、決められた時間の中でなにかを伝えなければならないときは、事前に文章にして、どの順番で話すか「台本」をつくっておく。箇条書きやメモではなく台本にしておくことで、ヌケ・モレを防ぐことが可能になります。

こうしたイメージトレーニングや「台本」は、一見面倒な準備に見えるかもしれません。しかし、実は**「新人や業務に慣れない人、テキパキ仕事が進まないと悩んでいる人にこそ、効果がある」**と猿棒は言います。

どんなに小さなことであっても、その場で考えて決断を下すというのは、意外なほど時間のかかるもの。「えーと……」と停滞している30秒や1分の時間が積み重なっていくと、本番でのタイムロスになります。

本番の仕事はたいてい自分一人でなく、相手や仲間がいるものですから、タイムロスの影響も大きくなります。事前にセリフや行動など具体的なイメージをしておくことは、タイムロスを防ぐことにもつながるのです。

一日の流れをイメージしておく

起床してからのスケジュールをイメージして書き出しておくと、仕事の段取りもうまくいく

Action
08

プロは常に逆算して決める

POINT

仕事における「本番」までのスケジュールを、本番から逆算して明確に立てておく。逆算して準備をするからこそ最高の仕事ができる。

フライト前には飲酒を控える

締め切りが設定されている仕事の場合、多くの方は「だいたいこのぐらいまでに○○のデータ調査、このぐらいまでに○○の資料ができていれば本番に間に合うだろう」という感覚をもって、仕事にあたっているのではないでしょうか。

「ANAのCAたちは、この『逆算』がライフワークになっている」とCAの加藤は言います。

例えば、平日の朝9時、羽田空港発の国内線に乗務するシフトになったCAの一例を「逆算」式で見てみます（61ページ図参照）。ここまで細かい予定を毎回逆算し、「いまなにをすべきか」を決めているのです。

「CAはフライト前の一定時刻には、お酒を飲むのを控えます。滞在先でCA同士が食事をとる場合も、逆算する習慣が身についているので、**『そろそろお酒が飲めなくなる時間ですよ』と自然発生的に〝タイムキーパー〟があらわれるんです**」とCAの林は言います。

それくらいＣＡの中では逆算がくせになっているのです。

プライベートの予定も、逆算したスケジュールを前提に立てています。

ＣＡの乗務スケジュールは突発的な変更などもありますが、前月末に示されます。フライト前日に疲れるまで遊んだり、酔っぱらうまで飲んだりすることは避けなければなりません。

「ＮＧが出ること」を前提に逆算する

フライトでは悪天候などにより担当する乗務便が変わったりと、突発的なスケジュール変更が発生します。

「逆算をするとき、たとえ突発的な予定が入ったとしても、決められた日時までに準備が完了しているように、余裕を見た段取りを組んでいます」とＣＡの林は言います。

整備作業においても、運航間に機体の不具合を修復するような場合、整備作業にかかる時間を予測し、出発時刻から逆算して考えます。出発時刻までに作業が完了せず、便が遅延すると考えられる場合には、事前に機体の入れ替えの調整をするなどして、

フライトまでの流れを逆算する（ＣＡの例）

出発時刻 (9:00)	乗客を乗せ出発
フライト20分前 (8:40)	ボーディング（乗客を機内に案内）
フライト25分前 (8:35)	フライト前のブリーフィング（パイロットとＣＡが一堂に会して、フライトに関する情報や緊急時の対処方法などを確認・共有する）
フライト40分前 (8:20)	客室の確認、機内準備（乗客のみなさまにご搭乗いただくための客室内の確認と準備を完了させる）
フライト1時間前 (8:00)	客室センターに出社し（羽田空港にある客室センターという部屋が、客室部門のオフィスである。ここから飛行機へは、この便の場合10～15分ほど）ＣＡ同士でブリーフィング（顔合わせ）
フライト3時間前 (6:00)	自宅を出発、身じたく（空港の客室センターまでの通勤時間と、身だしなみを整える時間を逆算して6:00には自宅を出発する）
フライト4時間前 (5:00)	起床（6:00の自宅出発に向けて、1時間前に起床）
フライト前日	・就寝（7時間の睡眠時間を確保するため、前日22:00までには就寝） ・翌日のフライトの直前勉強（乗務する路線で提供するサービスや保安に関する知識を確認しておく） ・飲酒ストップ

↓

事前にプライベートなどのスケジュールも逆算して決めておく

お客様にできるだけ迷惑をかけないよう心がけています。

定時運航にかける思いとタイムマネジメントの考え方は、パイロットも整備士も他の部門の社員もみな同じです。

ＡＮＡビジネスソリューション経営企画室の八島聡も、逆算の重要性について上司から何度も指摘されてきたと言います。

例えば、上司から稟議《りんぎ》の承認を得たいという場合、多くの人は上司からＯＫが出ることを前提にしたギリギリのスケジュールで動きます。だから、いざ上司からＮＧを出されると、「今日中に承認を得て発注しなければならないんです！」と言って慌ててしまう。

この場合、稟議がスムーズに通らないことを前提に段取りをつけなければいけません。**「今日、稟議書を起案すれば、明日には承認してもらえるだろう」という希望的観測はしてはいけない**のです。

上司からこのように指導されてきたと言う八島は、こう続けます。

「スムーズに稟議や企画を通したいなら、上司から質問や指摘を受けることを前提に準備しておかなければいけません。反対されることも考慮しながら想定問答を考えておき、修正する時間も見込んでスケジュールを組んでおくことで、初めて予定通りに仕事が進みます。上司からは『俺の質問を3つくらいは打ち返すくらいの準備をしておけ』とよく言われました。3つ打ち返すには、当然、10個打ち返すくらいの準備が必要になりますが、多角度から考えておくことで、結果として仕事がうまく進みます」

ANAでは、「未来の何時の時点で、重要なことが予定されている。だからその何分前までに、何時間前までに、何日前までに、これを済ませておく」ということを常に考えながら行動することを目指しており、そしてそのスケジュールを共有しようと努めています。

お客様に、運航スケジュールについて「なにも感じさせない（問題があると思わせない）」ためには、当たり前に定時運航をしなければならない。そのためにANAの社員は、常に逆算をして運航の遅れが生じないようにしているのです。

Action 09

仕事は退社時刻から逆算する

POINT

前日や出社前に一日の流れを具体的に決めておく――。
これが、決められた時間の中で業務を終えるコツ。

「定時退社時刻」をフライトに見立て逆算スケジューリング

「本番」に至るまでのスケジュールを逆算して立てていると、たとえ「本番」のためでなくても仕事全般に対するタイムマネジメントの意識が高まってきます。

CAの林は、オフィス業務もしており、**その際も「定時での退社時刻」を意識し、決められた時間の中で業務を終えるよう、逆算して仕事をしている**と言います。定時退社時刻を、フライトに見立てて考えるのです。

「朝9時に始まって、夕方18時が定時での退社時刻です。できることなら、この18時までにその日の仕事をすべて済ませられるように段取りを組んでいます。また、席についてからなんとなく仕事を始めてしまうのではなく、前日や出社前に一日の仕事の流れを決めておきます。ちょっとした工夫ですが、時間を強く意識することができます」

朝9時、席につくまでにスケジュールを立てておく。退社時刻を基準として、何時までにはメインの仕事を終える。それを実現するためには、何時までに別の仕事を済ませているようにする――。これを守るために行動します。

もちろん、突発的な仕事が入ったり、もともと忙しかったりして、逆算スケジュール通りにいかない日もありますが、**「逆算」がクセ、習慣になっていれば、「何時まで」を明確に決めずに仕事を進めることはなくなるでしょう。**

フライトのある日でも、その日最後に乗務した便がブロックイン（完全に停止）してから30分後が退社予定時刻だとすると、ＣＡたちをまとめるチーフパーサーが「いまから30分後の18時32分が退社時刻ですよ」と言ったりして、みんなで「何時まで」を共有しています。

残業時間に仕事の依頼をしない、させない

定時の退社時刻までに仕事を終わらせることに関連して、林は管理職として、部下への気づかいもしています。

「定時の退社時刻の18時を過ぎてから、**自分の部下に仕事を頼もうとする人がいたら、緊急でないかぎり『定時の勤務時間は終わっているので、また明日、来てください』**

とお断りしています。私の部下が、18時直前に他の社員に仕事の依頼をするというのも、やめてもらいました。自分たちの時間も、お相手の時間も、ともに大切だと考えるからです」

本来であればすでにオフィスにいなくても当然であるような時間帯には、なるべく新たな仕事の相談や依頼を避ける。定時の退社や個人の時間を極力、尊重しようと努める――。

「こうしたこともまた、タイムマネジメントに関する気づかいのひとつだと思います。部下の側からはあからさまに仕事を断りづらいので、上司の立場の人間、マネジメント層が率先して行うことが必要」と林は言います。

Action
10

「この先しばらく」ではなく「この先20分間」

POINT

自分の予定や、未来の状況を相手に伝えるときは、数値などを使って具体的に伝える。程度を示すときも「少し」や「しばらく」などの抽象的な表現はなるべく避ける。

「相手が行動しやすくする」のもタイムマネジメント

タイムマネジメントは、自分のためだけにあるものではありません。自分の接する相手が行動をとりやすくするため、という目的も含まれます。

自分のとる行動が、相手の予定に影響を与えるという場合、相手への気づかいはとりわけ大切になります。

例えば、読者のみなさんが飛行機の乗客だとします。パイロットから機内アナウンスで、この先、揺れが起きることを告げられました。どちらのほうが、安心できるでしょうか？

❶「あと少しで、当機は揺れることが予想されます。この揺れはしばらくのあいだ続くことが予想されますので、化粧室のご利用などはいまのうちにお済ませいただけますようお願い申し上げます」

❷「約10分後に、当機は揺れることが予想されます。この揺れは、20分ほど続くことが予想されますので、化粧室のご利用などはいまのうちにお済ませいただけますようお願いいたします」

❷のほうが、あきらかにわかりやすいアナウンスですよね。「あと少しで」「しばらく」でなく、**「約10分後に」「揺れが20分ほど続く」といった具体的な言葉**が使われているからです。

情報がオープンであるほど、不安がなくなる

通常とは異なることが、いつ、どのくらい起きるのか。人は、そんな「わからない」という状況に大きな不安を抱きます。たとえ通常とは異なる出来事が起きるとしても、それが**いつ、どのくらい起きるのかがあらかじめわかっていれば、不安感を減らすことができます。**また、**つぎになにをすべきかが判断できるので、時間を有効に使うことができます。**

機長の猿棒は、「伝えるべき情報があれば、なるべくそれを具体的にお客様に伝えるのが、パイロットの気づかい」と話します。

いい情報も悪い情報も誠実にオープンにすることが、信頼につながるのです。

Action
11

遅れるときこそ具体的に、「遅めに」伝える

POINT

遅れそうなことを相手に伝えるとき〝過少申告〟はしない。遅れるのであれば、相手に別の用事をひとつ済ませてもらうぐらいの遅延時間を伝えておくのも手。

曖昧な態度は相手に迷惑をかける

なるべく具体的に見通しを伝えるという気づかいは、航空機のアナウンスにかぎった話ではありません。

例えば、どうしても納期に間に合わせられないという場合。あるいは、どうしてもデートの約束に遅れそうだという場合。

「何日の何時までにはお届けしますので」とか「何分後には行くからね」などと、遅れるときこそ相手になるべく具体的にイメージしてもらうことが重要です。

曖昧に「あとちょっとで着く」とか「少しだけ遅らせていただけませんか？」と言っても、相手はどうしたらいいのか、わかりません。

この「予定を伝えるときは具体的に」という気づかいには、ひとつだけ注意点があります。「過少申告」をすべきではない、ということです。

機長の猿棒は、プライベートで時間が守れないときにも、機長の気づかいを応用しています。

「例えば、相手と10時に会う約束が、電車の遅れなどによって到着が10時30分になってしまいそう、という場合があります。このとき、『10時30分にはなんとか間に合う』と思っても、『申し訳ないのですが、待ち合わせを11時にしていただけませんか』と、余裕をもたせて予定を伝えるほうがいいと思っています」

約束の時間に間に合わないとき、人は「なるべく相手によく思われたい」と思うのでしょう。つい実現できるかどうか微妙な遅延時間を伝えようとしてしまいます。でも、「10時30分にはなんとか間に合う」と言っておきながら、実際の到着が10時45分になってしまえば、相手に「さらに遅れた」と悪いイメージが残ります。

一方、余裕をもって「11時にしていただけませんか」と伝えて10時45分に到着できれば、**「意外と早く着けたね」と、遅刻のなかでも好印象をもってもらえる**かもしれません。

待ち合わせに遅れそうなときは……

**遅れるときは具体的に、
そして「遅め」に伝える**

「遅れなくても連絡」がプロ

整備士の山内は、**研修講師として出張先の会場に到着した際に「時間通り到着しました」という報告を欠かさず行う**ようにしています。

「『大丈夫かな、無事に着いたかな』と心配するのが人情というもの。メール1本入れるだけで安心感を与えられます」

遅刻やトラブルが「ない」ことを、あえて報告する。ANAの社員は、ベテランであっても、こうした基本を徹底することが重要だと考えているのです。

Chapter 3

「お客様をよく見る」のが接遇の基本

Action 12

おもてなしの基本は、「不快にさせない」こと

POINT

快適は人それぞれだが、不快はほぼ共通している。不快な思いを抱かせないことが、「おもてなし」をするときの最低限の条件であり、出発点となる。

「不快」は誰にでも共通している

ＡＮＡのＣＡは、積極的にお客様と接して「プラスα《アルファ》」のサービスを行っているイメージがあるかもしれません。しかし、おもてなしの現場で最も重視されているのは、「マイナス」をなくす、つまりお客様に**「不快な思いをさせない」**ことです。

Chapter1で、「気づかれない気づかいこそ『金』」という話をしました。これ見よがしに「自分は気づかいをしている」とアピールするのでなく、「気づかいをしていることを感じさせずに気づかいをする」ことが、金メダル級の気づかいであるという話です。相手に不快な思いを抱かせないことも、これと似ています。

ＣＡの加藤は、**「快適は人により価値観が異なるものですが、不快はほぼ共通している」**と話します。

「例えば、音がうるさい、場所が汚い、言葉が耳障り。つまりいつもと異なるネガティブな感情になることに対しては、人は不快感を抱くものです」

不快を感じさせる要素がなにもなければ、なにも感じることがない。まずは、その状態を保つことを目指す。これが、ANAが考えるおもてなしの最低限の条件です。

お客様に毛布をかけた。ところが……

一方、CAの間で語り継がれている、こんな失敗談もあります。

ある若手CAは、ベテランCAがお客様に席で毛布をかける姿を見ました。

「すばらしい気づかい！　自分も真似しよう！」

そして、いざ、彼女がお客様に毛布をかける機会がきました。薄着で目をつぶって、どうやら眠り始めたお客様がいます。

彼女は、先輩CAの毛布のかけ方とまったく同じ動きで、お客様に毛布をかけました。完璧な動作です。

ところがその数秒後、毛布をかけられたお客様がつぶっていた目を開けて、その若手CAにこう言いました。

「ちょっと！　暑いんだよ！」

このお客様にとって、毛布をかけられることは、暑くて不快なことだったのです。

相手に不快な思いをさせずに快適さを提供することは、じつはとても難しいこと。

相手がどう感じているのかをよく観察して、なにをするのが（あるいはしないのが）

相手の心を満たすかを熟考し、判断しなければなりません。

Action 13

「衣食住は問題ないか」を判断基準にする

POINT

快適さに関わる物事の判断では「衣食住は問題ないか」がその材料となる。衣食住に問題があるような状況では、なにを判断基準にするかを検討すべき。

マニュアルにはなくても、明白な指針

「不快な思いを抱かせないこと」が、おもてなしをする上での最低条件であるとすれば、「快適さを提供すること」は、その先にある「おもてなし」の目標になります。

ＡＮＡにはパイロットたちが守るべき運航方針が書かれた「オペレーションズ・マニュアル」というマニュアルがあります。そこには、こう書かれています。

「機長と運航管理者は運航の安全を第一とし、最良の運航効率を上げ、かつ定時運航に努力するとともに、快適な飛行を行うことができるよう積極的な行動をとるものとする」

この運航方針のもと、安全性や定時性についていえば「どんなパイロットがフライトを担当しても、一定水準以上の結果が得られる」ことを目指すための具体的なマニュアルや指標が存在します。ベテランパイロットである猿棒が操縦をしても、機長に

なりたてのパイロットが操縦しても、必要な水準以上の安全性や定時性が保たれることが目指され、その具体的な方法が書かれているのです。

しかし、「快適」は人により価値観が異なるもの。「こういう場面ではこのようにして快適さを提供すべき」と明文化するのは難しいのです。

「ご飯ぐらいは食べようよ」

具体的なマニュアルや指標はありませんが、「快適」を保つための基本的な考え方は存在すると猿棒は話します。

「機長昇格の訓練を受けるときに先輩パイロットから言われたのは、『衣食住のことは考えないといけない』ということでした」

衣食住は仕事において、

・身だしなみ（清潔で健康な印象を与えているか）
・食事（お腹が空いていないか）
・環境（寒くないか、暑くないか）

と言い換えることもできます。これらは人が生活を送る上での基本的要件とされています。接する相手の置かれている状況が、衣食住の点で問題ないといえるかどうか。もし問題があれば、意識して快適な状況を提供するようにすべきだというわけです。

猿棒はCAと接しているとき、この「衣食住に問題はないか」という視点で、快適性の判断をすると言います。

「遅延していないなど状況にもよりますが、もしCAたちがご飯も食べずにフライトの準備をしているとわかったら、『ご飯ぐらいは食べようよ』と言います。お腹が空いていてはパフォーマンスも落ちます。万一、緊急事態が発生したときのことまで想定して声をかけています」

室内の温度についても同様です。多くの空港には、二酸化炭素の削減のため、「機体後部にある補助動力装置を用いた空調は出発の15分前から付ける」という決まりがあります。それでも「衣食住」の基準に照らしておかしいようなら、猿棒は、機長としてかならず声をかけています。

「もし機内の温度が30℃を超えている中で、空調を使わずに汗だくでフライトの準備をしても効率は上がらないでしょう。『暑すぎるならエアコンを使おうよ』と言います」

Action 14

「水がほしい」の意味は100通りある

POINT

相手の要望の言外に、本当の目的が存在する場合がある。観察や時には質問によって、お客様の本当の目的を叶えようとするのも「おもてなし」のひとつの形。

「なんのための要望か」をよく考えてみる

お客様から自分に対して「これがほしい」とか「こうしてほしい」と要望があったとします。

たいてい、そうした言葉には〝その先〟の要望が隠れています。

例えば、あるお客様が「水がほしい」と伝えたとします。けれども、テーブルに水が置かれたからといって、その人の目的が達成されるわけではありません。喉《のど》の渇きを潤すために水を飲むことが目的かもしれませんし、あるいは薬を飲むことが目的かもしれません。はたまた、シャツについた食べ物の汚れを落とすことが目的かも……あらゆる可能性が考えられます。

しかし、**9割のお客様は、「水を持ってきてくれれば、あとは自分でやるから」と、本当の目的までは口に出しません。**

その人にとっての本当の目的はなんなのか。これを突き止めて、それに応えようとすることは難しいことではありますが、実現できるととても喜ばれる「おもてなし」になります。

本当の要望を「観察」で見極める

「お客様が本当はなにを求めていらっしゃるのか。その見極めの基本は、とにかくよく観察すること」とＣＡの林は言います。

「上着を脱いで、シャツの首のボタンまで外している。この方はきっと暑いんだろうな」

「お食事後、あの方はカバンの中に手を入れて何かを探していらっしゃる。お薬をお飲みになりたいのかも」

「さっきから何度か咳《せき》払いをなさっている。喉の調子がよくないのかもしれない」

その人をジロジロと凝視することは、相手に不快感を与えてしまうのでしません。

しかし、**側を通るときなどに気をつけて観察していると、お客様のちょっとした変化や行動から、その人が求めていることがわかってきます。**

そして、そのお客様が「あの、お水がほしいんですけれど」とおっしゃれば、

「機内は少し暑いでしょうか。冷たいお水とおしぼりをお持ちしましょうか」
「お薬をお飲みになりますか」
「喉のご調子、いかがですか。のど飴もお持ちいたしますね」

などと、観察してきたことをもとに「本当はなにを求めているのか」をさり気なく確認してみるのです。すると「ああ、よくわかったね」と驚きとともに喜ばれることもあります。

「その先」をダイレクトに尋ねることも

そこまで観察していなかったときや、観察していても推測できないときもあります。

そのようなときには、ダイレクトにその方になにを求めているのかをお聞きするのも手です。

「お水ですね、承知いたしました。いかがなさいましたか」

このように「水がほしい」というお客様のご要望をまず承ったことを示した上で、加えて「いかがなさいましたか」と尋ねます。

これに対してお客様が「ちょっと暑くてね」などとおっしゃれば、「では、冷たいお水をお持ちしますね」と言って、冷水とともにおしぼりを渡せばいいですし、「いや、別に」などとおっしゃれば、「このお客様はそこまで聞かれたくないのだな」と察して、「すぐお持ちしますね」と応えればいいのです。

「水がほしい」の真意はさまざま

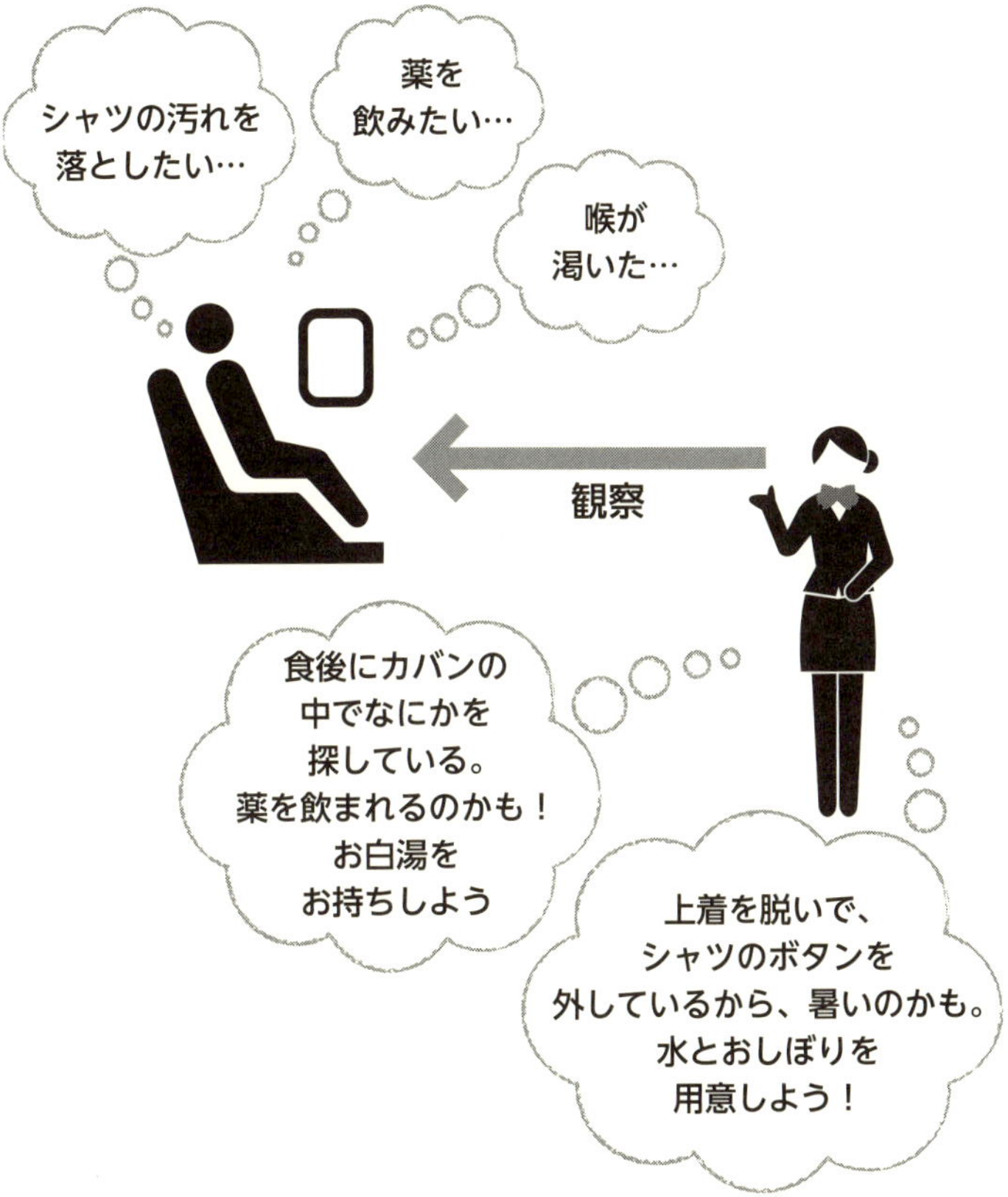

お客様を観察することによって、
言葉の“その先”の要望に応えることができる

Action
15

お客様の要求を「見逃さない」

POINT

お客様は自ら「○○してほしい」と要求するとは限らない。おもてなしをするには、「お手伝いできることはないか」という気持ちが大切になる。

お客様の9割は要求を口にしない

「棚の上にある荷物をとってほしい」
「お水を持ってきてほしい」
「機内が少し暑い」……

このような気持ちがあったとしても、9割のお客様はそれを口に出して伝えようとされません。

「忙しそうにしているから、声をかけなくてもいいか」と、逆にお客様が気づかいをされている場合さえあります。

しかし、お客様に気づかいをされてしまうという状態は、「おもてなし」の心で接遇する側にとってみれば、恥ずかしいことです。

CAの林は言います。

「私は**お客様に『察してよ』と思われた時点で〝負け〟だと思います。目が合ってから、ご要望を伺うのも遅い**かもしれません。そう思われる前に、こちらから『いかがなさいましたか』と尋ねるぐらいに、ゆっくり、じっくりと周囲を観察していることが大切です」

しかし、お客様のニーズは十人十色なので、それを察するのは簡単ではありません。これまでは原則として、日本人などアジア圏の人は、「察してほしい」と思っている人が多く、反対に欧米の人は、こうしてほしいという希望があるときは自分で主張するので、「あまり話しかけないでほしい」と思っている人が多いという文化的な特徴が顕著でした。

例えば、ファーストクラスでお客様が席を離れたときに毛布を畳むと日本人のお客様の多くは感謝してくださいますが、欧米の人に同じことをすると、「勝手なことをしないでほしい」という反応をされることもありました。

ですから、昔はある程度、このような国民性に合わせて対応することも可能でした。ところが、近年、欧米人でも「察してほしい」と思っている人が増えていますし、逆に日本人でも「放っておいてほしい」と思っている人が増えています。つまり、いまではお客様一人ひとりのニーズを汲み取る必要があるのです。

40〜50人、すべてのお客様を把握

CAの林は「自分が乗務した便では、担当する40〜50人のすべての席のお客様の顔、様子を把握するように努力している」と言います。

それだけ多くの人を把握するには、「お困りのことはないか」と常に意識しながらお客様を観察しておく必要があります。

例えば、一見ゲームに没頭しているお客様でも、内心では「喉が渇いているので水がほしい」と思っているかもしれません。そんなお客様に対しても、「お困りのことはないか」という気持ちで目配りをしていると、CAが通りかかったときに、お客様がふと目線を上げて目が合うときがあります。

そうしたら、「お困りのことはありませんか」と声をかけることができます。林は「こちらが意識していれば、**困っている人とは、自然と目が合う**もの」と言います。

これはオフィスでも同じです。

「困っていることはないかな」と意識していれば、「電話の声のトーンが暗い」「身だしなみが乱れている」といった部下の変化にも気づきやすくなります。

部下は困っていても、言い出せずに悩んでいることはよくあります。しかし、上司が部下のことを常に気にかけていれば、ちょっとした変化やSOSに気づき、サポートすることができます。

お客様にはオープンな態度で接する

こちらから声をかけなかったとしても、常にお客様に対してオープンな態度でいることも重要です。そうすれば、困っているお客様から声をかけてもらうことができます。

声をかけやすい人になるには、

・歩き方

・視線

の2つが重要です。

CAの加藤はゆっくりと歩きながら、Sの字で機内を見渡すようにしています。お客様のテーブルの上だけでなく、表情からサインを見逃さないようにしています。そして目が合った方には、なにかお手伝いできることはないか、必要なものはないか声をかけるように心がけています。

会社のオフィスでも、応用可能です。あなたがチームリーダーなら、メンバーの机の周りを、特に用事がなくてもゆっくり歩き回ってみてください。わざわざ報告には来なかった部下から、「実はこんなことが……」と言われる機会が増えるはずです。

Action

16

「あいさつ＋ひと言」は初対面の最強ツール

POINT

あいさつは「おもてなし」の基本中の基本にして、最強のコミュニケーションツール。さらに、あいさつに「もうひと言」を加えると「おもてなし」は深まっていく。

あいさつが失礼に当たることはない

お客様に「おもてなし」をするとき、最初の接点となるのが「あいさつ」です。

「おはようございます」
「いらっしゃいませ」
「ようこそ」

あいさつは気づかいの最も基本となるものです。人と人との良好な関係は、あいさつから始まるといえます。

基本でありながら、あいさつは「おもてなし」をする上での強力なコミュニケーションツールにもなります。なぜなら、どんな人に対してでも、あいさつをすることができるからです。どんな目上の人であっても、あいさつすることが失礼に当たるということはまずありません。

そして、あいさつを相手とのさらなる会話のきっかけにすることもできます。相手と双方向のやりとりの中で成立する「おもてなし」は、あいさつから始まります。

「モノ」をきっかけに「もうひと言」を加える

しかし、相手に「おはようございます」とあいさつした後、〝そのつぎの言葉〟が出てこず、変な間ができてしまい、かえって相手との接し方がギクシャクしてしまったという経験をもっている方もいるかもしれません。

そこで、あいさつの後の「もうひと言」が大切になります。

ＡＮＡのＣＡは乗客と接するとき、あいさつに加えて、可能な場合はもうひと言、相手との関係を親しくするための言葉をかけようと試みます。

ＣＡの林は、「相手とアイコンタクトをして、かつもうひと言のお声がけをして、相手に一歩踏み込もうとします。これができるかどうかで、その後のコミュニケーションが違ってきます。また、『素敵なネクタイですね』などと、相手のモノについてお話をして会話を進めることはよくあります」と話します。

相手がもっているモノ、あるいは身につけているモノについて、少しでも「素敵だな」と思うところがあれば、「素敵ですね」と、もうひと言の声をかける。すると、「ああ、ありがとう」とか「今日はちょっと気合いを入れていてね」などと反応してくれることがあります。それをさらに話を進めていくきっかけとするのです。

通常のビジネスシーンでも「あいさつ＋ひと言」は有効です。

例えば、名刺交換をしたときに、名刺というモノをきっかけにして、もうひと言「素敵なお名刺ですね」とか「珍しいお名前ですね」と加えて、話を深めようとすることによって、コミュニケーションが円滑になっていきます。

Action 17

「キドニトチカケ」の雑談で相手との距離をはかる

POINT

「気候」「道楽」「ニュース・人気」「土地」などの深く入り過ぎない話は、相手との対話を弾ませるのに効果的。相手の興味を汲みとったら、それに沿うようにさらに尋ねていく。

まだ親しくなっていない人とは深くなり過ぎない会話を

Action16で、相手との会話を深めるためのツールに「モノ」があるとお話ししました。

CAの加藤は、「まだ親しい間柄ではない相手に対して、深く入り過ぎない程度のことをお話しするとき〝キドニトチカケ〟の話をしている」と言います。

キ：気候
「今日もお暑いですね」「いい天気になりましたね」

ド：道楽（趣味）
「ワインのこと、お詳しいのですね」「カメラはよくお持ちになるのですか」

ニ：ニュース・人気
「今朝のニュース、びっくりしましたね」「○○は、いま大変な人気ですね」

ト：土地
「到着地の○○ではカニが旬だそうですよ」「向こうはいま祭りの時期ですね」

チ：知人

「○○さん今度、結婚するんですってね」「○○さん、転職するんですってね」

カ：家庭

「お子さん、いま何歳でいらっしゃるんですか」「どちらに帰省されるんですか」

ケ：健康

「若々しいですね」「姿勢がとてもいいですね」

初めの会話の段階では、チ（知人）、カ（家庭）、ケ（健康）などは入り込み過ぎるため控えたほうがよいですが、それでも、キ（気候）、ド（道楽・趣味）、ニ（ニュース・人気）、ト（土地）などの話は気軽にすることができます。

キドニトチカケの話で、会話が弾んできたら、とくに相手が関心をもっていそうなことをさらに踏み込んで尋ねていくことで、徐々に「誰にでも通じる会話」が、「その人とだからこそできる会話」へと変わっていきます。

いきなり自分の話をするのはNG

お客様と会話を進めていく上で気をつけたいのは、

- **相手についての「ポジティブ」な話**
- **自分や相手「以外」の話**

のどちらかを話題にすることです。少なくとも**「自分にこんなことがあって」といった自分についての話は、会って間もないお客様と会話を進めていくときの題材としてはふさわしくありません。**相手に「この人は私より自分自身のことを考えている」という不快な気持ちを起こさせうるからです。

雑談からお客様の興味を汲みとって、それに沿うようにさらに尋ねていくことが、お客様との間柄をより近いものにさせていきます。

Action
18

別の役割の経験が、気づかいの幅を広げる

POINT

本来の仕事とは異なる現場の経験を積むと、さまざまな場面に見合った気づかいができるようになる。気づかいの「幅」は経験の多さがつくる。

パイロットも乗客に「おもてなし」の気持ちを

「おもてなし」や「接遇」というと、もっぱらお客様と直接接するCAや、空港で勤務するグランドスタッフがその担い手という印象をもたれるかもしれません。

しかし、それだけではありません。ANAでは、パイロットや整備士などお客様と接することのない社員にも、接遇の心が必要だと考えています。

機長の猿棒は「パイロットの接遇」をこう話します。

「フライト前に操縦室で計器の確認などをしていると、たまに小窓越しに、機内に入っていく修学旅行生と目が合ったりします。つい手を振ってしまうのですが、50人も100人も搭乗されるので、目を逸《そ》らすことができず、来る子来る子みんなに手を振らなければならなくなってしまって（笑）。でも、これには『私たちが操縦しているんですよ』と安心感をもってもらう目的もあります」

フライト専門職であれば、修学旅行生の反応を無視して計器の確認に専念しておけばよい、という考え方もできなくはありません。

けれども、ＡＮＡをご利用いただくお客様に「おもてなし」をする心は、ＣＡでも、コックピットの小窓越しに手を振るパイロットでも、変わりはありません。パイロットも、万全を期した上でお客様に接するときの気づかいの心を忘れないようにしています。

「仕事は自分一人でするものではない」

安全性や定時性のために専心するだけでなく、お客様に対する「おもてなし」の心をもつ。職務に対するこのような考えは、パイロットとして操縦する以前の勤務経験とも関わりがあるかもしれません。

ＡＮＡが自社で養成する**パイロットは、入社してから「パイロット訓練生」として、羽田空港などで地上職を1年から3年ほど経験します。**

主な業務は、空港のカウンターやゲートで、お客様の対応をすること。なかには整備部門に配属される社員もいます。これは、飛行機を操縦するという専門性に特化したパイロットに、お客様の存在を実感してもらうための制度です。猿棒自身、入社後約3年間、グランドスタッフとして働いていました。

「空港でお客様に対応する経験がまだ浅いうちは、よく失敗しました。お客様に領収書を渡し忘れたり……。慌てて到着地の空港スタッフに引き継ぎをし、なんとか無事にお客様にお渡しすることができました。

地上職の経験を通して、お客様はお金を払ってANAをご利用いただいているという実感がわきましたし、仕事は決して自分一人でするものではなく、チームでするものだということが、身をもって理解できました」

到着地で呼び止められたお客様はどんな思いをするだろうか。到着地の空港スタッフには、お客様から伺っていた領収書の宛名などを引き継ぎ、ご希望の形で領収書を発行してもらわなければならない。本来の忙しい業務があるのに、どういう気持ちでお客様に接することになるのだろう……。

パイロット訓練生は、パイロットにそのまま就いていたらすることのない経験をしながら、地上職の期間を過ごすのです。

整備士は、入社後はまず「現場」に配属されます。いきなり管理部門に配属される人は一人もいません。「現場経験は、のちに管理部門に異動し『作業指示書』を書くときに役立った」と整備士の富田は言います。

「自分が作業指示に従って整備作業を行ったことがあるので、どのように作業指示書を書いたらわかりやすいかが細やかに想像できるのです。もちろん書き方のマニュアルはあるのですが、5W1Hを意識して作成する、長文でなく箇条書き、図や表を活用して作成するなど、かゆいところに手が届く指示書を書ける自信がつきました」

経験の多さが気づかいの「幅広さ」に

「この場面だったら、自分は相手にどんなことができるか」
「この人に対して、自分はなにをしてあげられるだろうか」
「このタイミングで、自分にできることはどんなことだろうか」

いろいろな場面で、それに見合った気づかいをする。そんな気づかいの「幅」を広げるのは、自分自身がさまざまな役割を担い、いろいろな立場の人と接して、経験を積み重ねることなのです。

「あのとき、似たような状況で自分はこんな思いをした」という記憶は、それに似た場面でよみがえってくるもの。その場面に見合った気づかいは、その記憶からなされるのです。

Chapter 4

初対面で「すぐに打ち解ける」にはコツがある

Action
19

「自分の言葉と相手の言葉は異なる」と心得ておく

POINT

自分たちの仕事上の言葉や考え方が、異なる立場の仕事相手と同じであるとは限らない。常に「自分たちだけの言葉を使っていないか」と疑い、確認をする。

一期一会で結成されるフライト・クルー

Chapter4では、初対面、あるいはほぼ初対面の人とこれからいっしょに仕事をしていくというときに、その人と早く円滑にコミュニケーションをとるための方法についてお話ししていきます。

前章では、「おもてなし」の心を中心に、主にお客様に対する気づかいについてお話ししてきました。

本章では、これからいっしょに仕事をしていく人のことを特に意識します。いち早く仕事相手と協力の意識が芽生え、パフォーマンスが最大限発揮されるようにするための気づかいについてご紹介します。

パイロットやCAから構成されるフライト・クルーは、決まったメンバーで固定されているのでなく、フライトごとに「はじめまして、よろしくお願いします」とチームが結成されます。

整備士は普段、同じ整備士のメンバーで作業に取り組みますが、フライト後の機体に異常がないかなどを確認する場面では、やはり初対面のパイロットやCAたちに話を聞くことを当然のようにしています。

そういう意味で、**ANAの社員は、「初対面のプロ」**と言えるかもしれません。

初対面の人たちといっしょに仕事をして成果を出すために、ひとつは「安全にお客様を目的地までお届けする」という同じ目標を共有していること、そしてもうひとつ、気づかいの心で仕事相手に接することが大切になります。

同じ職場で長く仲間として仕事をしてきた人とは、仕事を進めていく上での「言葉」を共有できているもの。その職場で使われている用語は、当たり前のように使って通じるはずです。

また、相手の仕事ぶりがわかっていれば、「これは言わなくてもわかっている」「これは言っておいたほうがよい」といった判断もしやすくなります。

しかし、ほぼ初対面の相手と仕事をする際には、その「言葉」が通用しないことがあります。

「26番テーブル」は「25番テーブル」だった

かつて、整備士とCAの間で、このような「常識の違い」がありました。整備士の山内が振り返ります。

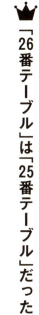

「あるCAから、『26番のAのテーブルが前に出てこない』との報告を受け、つぎのフライトまでに修理することになりました。それで『26番のA』のテーブルを調べてみたのです。ところが、どこも壊れていない。おかしいなと思って、CAに確認したところ、CAにとっての『26番』テーブルは、われわれ整備士が『25番』と呼んでいるテーブルだとわかったのです」

なぜ、CAと整備士でテーブル番号のズレが生じたのでしょうか。原因は、整備士とCAとの「言葉の違い」にありました。

整備士が機体を整備するとき、26番テーブルとは、26番の座席の後ろについているテーブルだと考えます。しかしCAは、26番の座席に座るお客様が使われるテーブル、すなわち25番の座席の後ろについているテーブルを26番と整備士に伝えていたのです。「自分たちの言葉」で、相手にものごとを伝えていないか考えて、そのおそれがあるときには確認をしなければいけない、と山内は言います。

自分が仕事をする上で当然のように行っていることが、相手にとって当然でないことはよくあります。

初対面の人と仕事をするときには、そのズレが生じているかどうかは察しづらいもの。「自分の常識は相手の常識とは違うかもしれない」と疑い、そのズレを確認することは、仕事にいっしょに取り組んでいく上での基本的な心がけと言えます。

「自分たちの言葉」が常識とは限らない

26番Aテーブルはどれか？

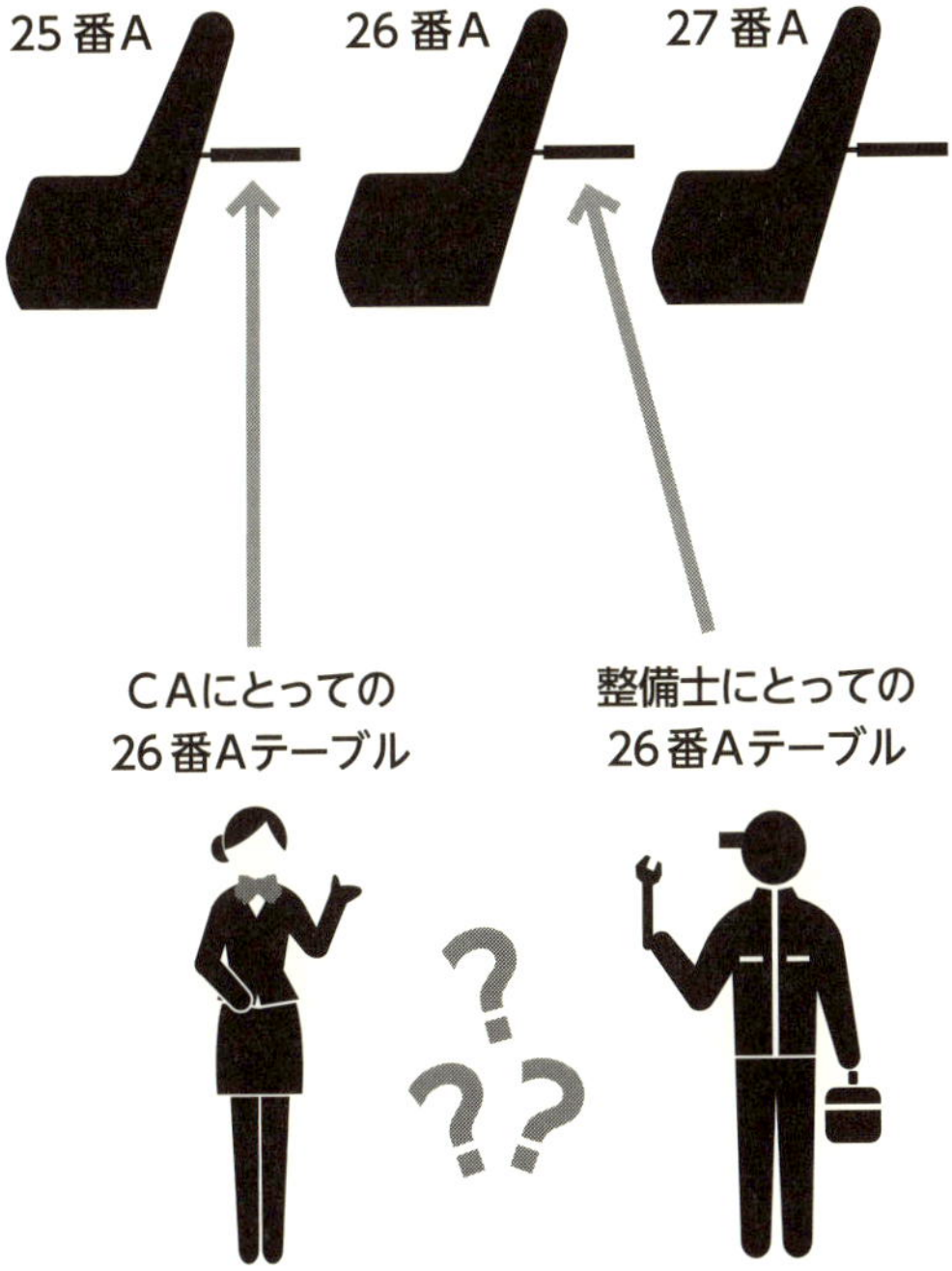

使っている言葉にズレがあると、
コミュニケーションで齟《そ》齬《ご》が生じてしまう

Action
20

「身だしなみ」は自分ではなく、相手のために整える

POINT

「身だしなみ」は、自分のためにする「オシャレ」とは根本的に異なる。身だしなみが整っている人は、相手に信頼感を与え、仕事も円滑に進む。

「オシャレ」と「身だしなみ」は違う

CAには20代の社員も少なくありません。特に若い頃はオシャレをしたい年頃かもしれませんが、ANAのCAは「オシャレ」よりも、「身だしなみ」に配慮することを指導されます。

例えば、髪型や髪の長さ、色、アクセサリーなども、清潔感があって常識的なものとするように定められています。なぜなら、**身だしなみによって、お客様の航空会社に対する安心感や信頼感が左右される**からです。

人の第一印象は見た目が9割を占めると言われるように、身だしなみはお客様の第一印象を決定づける重要な要素です。

例えば、CAが長い髪の毛を後ろで束ねずに、前髪をしきりに触っていたり、爪が伸びていたらどうでしょうか。CAは食品を扱うため、不潔という印象を抱くお客様も多いでしょう。ですので、ANAでは、髪が肩にかからないようにまとめる、爪は手の平から見て1ミリ程度の長さにするといったルールを定めています。

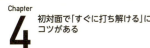

オシャレと身だしなみは、まったく異なります。オシャレは自分のためにするものですが、**身だしなみはお客様の安心と信頼を得るために整えるもの**です。

整備士やパイロットも身だしなみが重要

清潔感のある美しい身だしなみは、お客様と直接コミュニケーションをするＣＡだけに求められるものではありません。

ＡＮＡの整備部門でも、作業者は身だしなみに気をつけています。もし夜間作業で汚れた作業服のまま出発便を担当すれば、直接お客様の目に触れるため、不快感やこれから出発する飛行機に対する不安を与えかねません。そのため、出発便を担当する直前の休憩時間に新しい作業着に着替えるよう心がけています。

また、パイロットのマニュアルには行動規範を定めたものがあり、その中には「運航乗務員は制服を正しく着用し会社の名誉および信用を傷つけてはならない」と身だしなみについても定めがあります。

身だしなみが乱れたパイロットの飛行機と、きっちりした格好のパイロットの飛行機、どちらに乗りたいと思うでしょうか。答えは言うまでもありませんね。身だしなみが乱れているパイロットを見たお客様は、「この飛行機、大丈夫かな」「このパイロットに命を預けるのは不安だ」と思われるでしょう。「この航空会社の飛行機には乗りたくない」と利用を避けるお客様もいるかもしれません。

パイロットとお客様は、基本的に初対面です。長く付き合っている仲であれば、「見た目はああだけど、仕事はしっかりするよ」と思ってもらえるかもしれませんが、私たちの世界では、服装の乱れなど第一印象により会社の信頼感や安心感を損なってしまうおそれがあります。

お客様にかぎらず、ＣＡと接するときも同じです。身だしなみはもちろん、話し方や態度は、初対面のＣＡと円滑に仕事をする上で重要です。**信頼感をもっていっしょに仕事をするには、第一印象で悪いイメージを与えてはいけません。**

身だしなみがモノをいうのは、どんな仕事でも同じ。初対面で身だしなみが乱れている人とは、これからも付き合いたいとは思わないものです。

Action
21

複雑な引き継ぎは「文書」や「図」で伝える

POINT

初対面と同様、難しいのが仕事の引き継ぎ。ＡＮＡの整備士たちは、ミスを起こさないため、書面やスケッチなどを活用している。

引き継ぎの鉄則、3カ条

初対面と同様、人から人への仕事の引き継ぎの場面では、コミュニケーションのミスやトラブルが起こりやすくなるので注意が必要です。シフト勤務の整備士たちは、いわば「引き継ぎのプロ」。24時間交代制でも滞りなく仕事が進むよう、さまざまな気づかいを行っています。

ANAの整備士たちが引き継ぎを行う際には、つぎのような3つの鉄則があります。

❶基本は書面で行う
❷かならず口頭で補足する
❸作業の「現場」で引き継ぎを行う

多くの職場で省略されがちなのが、❶の「書面で行う」ではないでしょうか。ついつい楽なので、口頭の打ち合わせのみで引き継ぎを済ませ、受ける側も「わかった」

と思い込んで、ミスが起こることは少なくありません。

複雑な配線などは、スケッチしておく

「現物」を見ながら引き継ぎを行うことも重要です。例えば部品交換の途中で作業を引き継ぐ場合、外した部品を見ながら引き継ぎを行います。その際、部品をわかりやすく並べておくという配慮をすることで、つぎの人が何をすればよいか理解しやすくなります。

複雑な配線などは、つぎの人のために「スケッチ」や「図」にして残します。言葉だけだと認識の相違が生じることがありますが、絵に描けば、誰にでもわかります。ミスを起こさないように伝え方を工夫することが、つぎの作業者への「気づかい」になるのです。

引き継ぎは、スケッチや図にするとわかりやすい

✕ 口頭で引き継ぎする

◎ スケッチや図で伝える

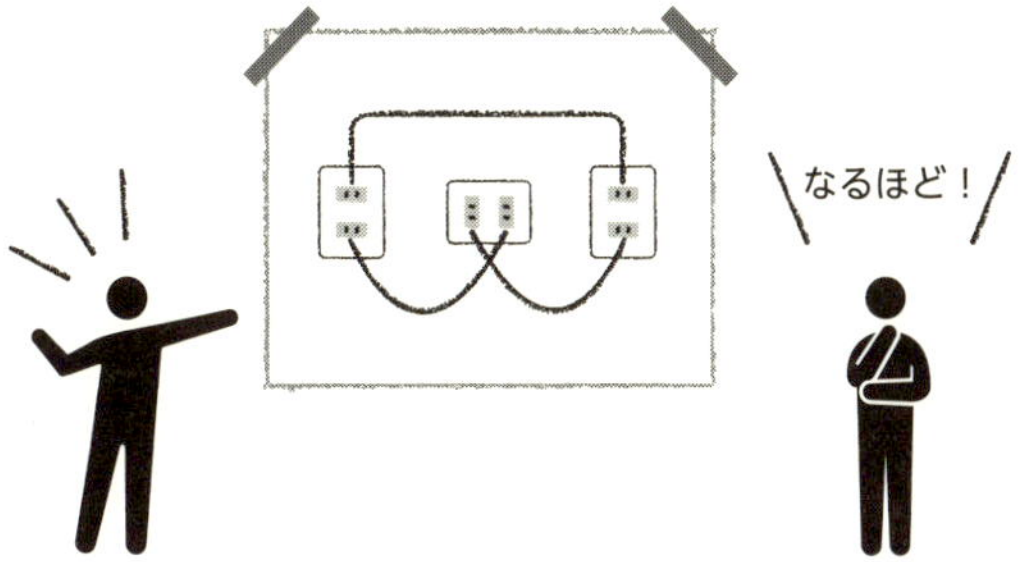

Action

22

自分からあいさつして、「用事がなくても話す」

POINT

あいさつは職場の硬直化した空気を打破し、よい雰囲気をもたらす。自分からあいさつすることで雰囲気づくりの主導権を握ることができる。

転職してきたパイロット、「ＡＮＡのあいさつ」に驚く

機長の猿棒は、じつは別の業界からＡＮＡに中途入社した経歴の持ち主です。入社して、驚いたことがあったと言います。

「ＡＮＡに来て間もない頃、会社の廊下を歩いていると、いろんな人があいさつをしているのに驚きました。あっちでこっちで、『おはようございます！』とか『どうも！』とか言っている。なんて活発な会社なんだと思いました」

整備部門でも、新入社員はあいさつを徹底的に叩き込まれます。整備士の富田が話します。

「とにかく、なによりも大きな声であいさつをしなさい、と言われるのです。そして４月中旬、集合訓練を終えた新入社員が職場にやってくる。廊下ですれ違う社員に、新入社員は『おはようございます！』と大きな声であいさつをします。私が入社した１９７６年当時から徹底されている伝統ですね」

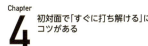

あいさつはミスを未然に防ぐ

Chapter3では、乗客の方々に「おはようございます」などとあいさつすることで、会話を深めるためのきっかけづくりができるという話をしました。なぜ社内でも、それほどあいさつを重視するのでしょうか。

企業の中には、長らく職場のメンバーが固定化されて、必要なことを伝えるほかは一切しゃべらないようになってしまった職場もあるかもしれません。

しかし、普段からなにか気づいたことがあったら話ができるような雰囲気をつくっておくことは、問題になりかねないミスを未然に防ぐ意味でも、またすぐれたアイデアが生まれるという意味でも、大切なことと言えます。

「なにもなければ話さない」という硬直化した雰囲気を打破するときも、あいさつが出発点となります。それをきっかけに、「もうひと言」や「キドニトチカケ」の話をしていけばよいのです。

あいさつのわずかな時間で、相手の情報を得られる

機長の猿棒は、「相手の情報を得る」ために、あいさつを利用していると言います。

「フライトごとに、初めて顔を合わせる人同士でクルーを組むことがほとんどです。名前は事前に与えられる編成リストで見ていても、顔までは知らない人と組むことになります。

そこで、あいさつを軽く交わすことにより、『今日のキャプテンはちょっと怖そうだな』とか『今日の副操縦士は真面目そうなやつだな』とか、性格や特徴をつかむのです」

仕事の実作業に入ってから、必要なことを話してもいいでしょう。でも、実作業に入る前のあいさつの中で、相手についての情報を得ておくことで、共同作業の立ち上がりがスムーズになり、その後の連携がうまく進む可能性が高まります。

Action
23

「メール派か、電話派か」連絡手段をあきらかにする

POINT

これからいっしょに仕事をする相手には、あらかじめコミュニケーションの方針を伝える、あるいは尋ねておくことで、齟齬《そご》や行き違いを減らすことができる。

昔は口頭か電話、いまではメールやＳＮＳも

一人でする仕事でなければ、仕事相手に「こうしたい」「こうしてほしい」と伝える機会が1日に何度か訪れるもの。「あすの会議は14時からに変更となりました」「最終確認をお願いいたします」「今日はこれで失礼させていただきます」といったように。

そのとき、みなさんはどのような手段を使いますか？

インターネットのなかった時代、職場における日常的なコミュニケーションの手段は、口頭か内線電話ぐらいのものでした。

しかし、インターネットが普及して、同じ建物の同じ職場にいても、さらに隣の席同士であってもメールでやりとりするような時代になりました。加えて、社内用の携帯電話、ショートメール、ＳＮＳなどで連絡を取り合うことも日常化しようとしています。

連絡手段が多様化したからこそ、初対面では「どの手段で連絡するか」をお互いに確認しておくと、連絡の齟齬や、異なる連絡手段による伝達の行き違いなどを防げま

す。

フライト中の機内では、仕事上の相手に伝えたいことがリアルタイムに次々と生じるものです。

「お客様がこのようなことを希望されている」「体調が悪くなった方がいらっしゃる」「着陸する空港が天候不良のため、しばらく上空で着陸を待機することになった」など、想定内ながら突発的なことはいくつも起きます。

当然ですが、こうした即時の伝達をいちいち文書でしていては、まずもって対応しきれません。ですから、口頭で行う際は、引き継ぎミスを防ぐため、重要な言葉（座席番号や時間、理由など）は、メモをとったり、復唱したりして報告内容が正確に伝わったか確認しています。

全員がメールを即レスしてくれるわけではない

世の中の多くの人は「連絡手段」をあまり意識的に選んでいない場合が多いのではないでしょうか。

口頭で伝えるのがちょっと苦手と思っている人はメールで事細かに依頼や指示を出しますし、逆に書くのが苦手という人は電話で伝えようとします。なかには、「顔を合わせてこそ真に通じあえる」と考えて、なるべく直接会うことを信条としている人もいるかもしれません。

「自分は、基本的にメールで連絡をしている」。そういう人がいるとしても、すべての人がその人と同じぐらいメールを頻繁にチェックし、メッセージを送信しているわけではありません。自分の常識は、相手にとって常識でないこともあるのです。

仕事をいっしょにして、しばらくすれば、「ああ、この人はメール中心でやりとりをするんだな」とか「この方は電話派だ」とわかってきます。しかし、仕事をいっしょに始めて間もない相手に対しては、よく使う連絡手段をまだ把握できていないという場合があります。

こんなときは、初対面の段階で、コミュニケーションのとりかたをあらかじめ相手に伝えておくのです。

例えば、CAの加藤は、フライト前のブリーフィング（簡単な報告・確認の場）のとき、チーフパーサーとしてＣＡたちにこう伝えているそうです。

「なにか気づいたことがあったら、まず第一報はインターフォンでお願いします。そして、自分で解決できそうか無理そうか、見通しを教えてください」

加藤は、チームのメンバーたちが、現場で起きたことを基本的には一人で対処できると考えていました。だからこそ、「まずはインターフォン」という連絡手段をとることにしたのです。

自分からも相手の伝達手段を尋ねる

みなさんも、初めていっしょに仕事をする相手には、「自分がよく使う連絡手段」を伝えておくとよいでしょう。

「平日はメールをよくチェックしていますが、週末はその環境にないので携帯電話にご連絡いただけるとありがたいです」

「どんなに遅い時間でもいいから、ちょっとでも異変に気づいたら電話してください」

逆に、自分から相手に通常の連絡手段を確かめておくのも気づかいとなります。

「夜分は何時頃までお電話さし上げてもよろしいでしょうか」

「普段はメールとお電話とどちらが多いですか」

自分と相手との間での連絡がストレスのかからないような形で行われるよう、あらかじめ申し合わせをしておく。これもまた、大切な気づかいといえます。

Chapter 5

気づかいの「マジックフレーズ」で人を動かす

Action

24

「伝える」ではなく「伝わる」

POINT

自分では「伝えた」と思っていても、相手に伝わっていないことはある。「伝わる」を実現するには確認すること。「伝わった」ことを示す気づかいも大切。

「伝わる」ためのシンプルな方法

仕事相手に「こうしてほしい」と伝えて、それを実現させるためには、「相手に伝わっている」ことが必要です。ところが、これがなかなかうまくいきません。

当たり前のことを言うようですが、自分と相手は他人同士です。自分の伝えた内容と、相手に伝わった内容が一致しない場合もあります。自分本位で「伝える」ことを考えるだけでなく、相手の立場になって「伝わる」ことを考えなければ、「言った」「聞いていない」の食い違いが生じてしまいます。

ANAビジネスソリューションが実施している「ヒューマンエラー対策」の研修では、まさに「大事なのは『なにを伝えたか』ではなく『なにが伝わったか』である」ということを教えています。

そのための秘訣は、とてもシンプル。**「伝えたいことが伝わったかどうか、きちんと確認することが大事」**と山内は言います。

例えば、電話で待ち合わせの時間と場所を決めるときは、つぎのような会話になります。

Aさん「品川駅の高輪口に夕方5時に待ち合わせでいかがでしょうか」
Bさん「はい、わかりました」
Aさん「高輪口はおわかりになりますか」
Bさん「プリンスホテルがあるほうですね」
Aさん「その通りです。5時にお願いします」
Bさん「はい、夕方の5時ですね」

確かめていることが相手にわかってしまうと失礼にあたるおそれがあるので注意が必要ですが、**自分が言った内容を相手に繰り返してもらう**と、伝わっていることを確認することができます。

逆に伝えられた側が「ちゃんと伝わりましたからね」ということを言葉で言ってあげるのも気づかいのひとつです。「そのとき、別の言葉に置き換えてあげると、相手に安心感を与えることができる」と山内は言います。

先の例でいえば、つぎのように言葉を返します。

Aさん「品川駅の高輪口に夕方5時に待ち合わせでいかがでしょうか」
Bさん「承知しました。高輪口のほうに夕方5時、17時ですね」

確認し合うことを取り決めておく

ANAの整備部門では、ベテラン整備士は単位を省略することが多いので、つぎのように単位を確認しています。

Cさん「工具室に行って15の計測器を借りてきてくれるか?」
Dさん「15インチですか?」
Cさん「違う。1000分の15インチだ」

パイロット同士でも、必要な事柄を隣の副操縦士(または機長)が認識しているか、口頭で確認する取り決めがあります。「コールアウト」と呼ばれるルールです。

機長（または副操縦士）「ワン・サウザン」

副操縦士（または機長）「チェックト」

着陸まで約1分30秒前の高度まで降下したとき、かならずこのように確かめ合ってから着陸作業に移ります。これでお互いが「あと1000フィートになった」と認識し合っていることがわかるわけです。

また、アルファベットの認識違いは、ミスやトラブルの元となるので、電話でアルファベットを伝えるときには、「アルファのA」「ブラボーのB」などと単語を添えて確かめ合う方法も実践しています。

伝わるための会話を実践するために、相手に伝わっているかどうかまで確かめる。これがANAが大切にしている方法です。

アルファベットの英単語への言い換え（例）

A : Alpha	N : November
B : Bravo	O : Oscar
C : Charlie	P : Papa
D : Delta	Q : Quebec
E : Echo	R : Romeo
F : Foxtrot	S : Sierra
G : Golf	T : Tango
H : Hotel	U : Uniform
I : India	V : Victor
J : Juliet	W : Whiskey
K : Kilo	X : X-Ray
L : Lima	Y : Yankee
M : Mike	Z : Zulu

Action
25

「なぜなら」を加え、何度も何度も伝える

POINT

理由を付けて説明すると、納得してもらいやすい。常に理由を意識して行動をとっていると、人として信頼感を与えることができる。

人は納得が必要なとき、理由を求める

新たな制度が導入されるとき、なぜそれが必要なのかを知ろうとする。

会議が延期になったとき、なぜ延期しなければならないのかを知ろうとする。

異動を命ぜられたとき、なぜ自分が異動になるのかを知ろうとする。

人は、なにかに納得しようとするとき、理由を求めるものです。その理由をもとに、それで納得できるかどうか判断しようとします。

ですから、人に「してほしいこと」を伝えるときには、明確な理由とともに伝えることが大切です。


ANAの整備部門では、2001年に品質保証体制の変更を行いました。これまでの仕事のやり方を変更する改定だったため、現場からは少なからず疑問の声が挙がりました。当時、品質保証部門の説明責任者を務めていた富田は、つぎのように振り返ります。

「新たなことをトップダウンで行うとき、ＡＮＡでは徹底的に、丁寧に説明する伝統があります。このときも、品質保証部門で2度にわたりパンフレットを作成し、職場説明会を何度も開催しました。同じことを何度も何度も伝えることは、納得してもらうためにも重要です」

新たなことを伝えるときは、理由付きで丁寧に

ＡＮＡビジネスソリューションにおいても、似たような事例がありました。

同社では、残業を減らす取り組みの一環として、電話の対応時間を9～18時に限定することにしました。すると、この新しい仕組みに対して、一部の社員から「お客様第一の方針に反する」「仕事の依頼を取り逃がすことになる」といった反対意見も挙がりました。

しかし、「限られた時間の中で最大限のパフォーマンスを発揮することがお客様満足につながる」といった「理由」を丁寧に説明することによって、不安の声を挙げていた社員たちも納得してくれました。

実際、残業が軽減されただけでなく、お客様からのご意見もなく、新しい取り組みは成果をあげています。

理由付け→判断→検証

理由が伴っている行動は、周囲の人たちの共感も呼びやすくなります。
機長の猿棒は、自分がとる行動の一つひとつについて、

「こういう状況だから」（理由付け）
↓
「この選択肢をとることにしよう」（判断）
↓
「この選択肢でよかったかな（悪かったかな）」（検証）

という3つのプロセスを踏むように心がけていると言います。

例えば、乗務する飛行機まで空港内を移動するとき、ムービング・ウォーク（動く歩道）と、普通に歩く通路が並行している場所があります。ここでも、どちらの道を選ぶか、理由も含めて熟慮すると言います。

「ムービング・ウォークのほうは団体のお客様がいらっしゃるから、そこでつっかえてしまうだろう」（理由付け）

↓

「ここは普通に歩いていこう」（判断）

↓

「ムービング・ウォークを使うよりも早く移動することができた。この選択でよかった」（検証）

なぜ、日常生活の一つひとつの行動についてまで、理由付けをするのでしょうか。

猿棒はこう話しています。

「思考の『くせづけ』のようなものですね。機長になると、副操縦士たちに指示をする機会が多くなります。そのとき、理由もなく適当に行動していると、彼らを振り回してしまうことにもなります。**理由があれば、たとえその行動がうまくいかなくても、あそこでの判断はこちらの選択肢のほうがよかったのではないかとみんなで反省することができ、つぎの行動の改善につなげることができます**」

理由を付けたものに対しては、その理由は選択をする上で適切なものであるかどうかを、相手も自分もよく考えるようになります。これは、一つひとつの仕事に対する意識を高めることにもつながるのです。

Action 26

まずは褒めて、相手の「聞く心」を開く

POINT

相手のことを褒めると、相手は認められたという気持ちになり、こちらの話を聞こうとする。相手の非を注意したり指摘したりするときも、まずは褒めてから。

注意するつもりでも、まずは褒める

パイロットはフライト後、そのフライトを振り返って改善点などを洗い出す「デブリーフィング」という対話を、機長と副操縦士の間で行います。

機長の猿棒は、デブリーフィングのとき、副操縦士に対して**「まずは褒めることから入る」**ことを心がけていると言います。

副操縦士「機長、デブリーフィングをよろしくお願いします」

機長「よろしく。今日は、雲を避けるために、こっちの方向をとりたいという明確なインテンション（意思）を示してくれたね。それがすごくよかったよ。その明確さは、これからも変えずにやってほしい」

副操縦士「はい、ありがとうございます！」

機長「あとは、着陸のところ。僕だったらこっちからのアプローチをしていたかもな。なぜなら、当時の風は山のほうからだったよね」

副操縦士「ああ、たしかにそうでしたね」

まず相手の行動を褒めることで、相手は確実にあなたに好意をもつようになります。自分が行ったことを認められたからです。

「最初に褒めておくと、相手は自分の話を積極的に聞こうという姿勢をもち、心を開いてくれるようになるのです」と猿棒は続けます。

もし改善点などを伝えようとするのであれば、その前にまずは褒めて、相手を聞く態勢にする。相手としても、いきなり否定されて嫌な思いをするのではなく、認められてから改善点を指摘されることになるため、安定した素直な心持ちで話に耳を傾けられるようになります。

褒め合う仕組み「グッドジョブ・カード」が発展中

ANAでは、お互いの仕事や行動を認め合い、ともに仕事をする仲間たちを「褒める」ことに、積極的に取り組んできました。

2001年の米国同時多発テロを機に、航空業界全体が不況に陥っていたとき、お客様に真にご満足いただける企業になるために、社員がどう変わっていくべきかを徹底的に議論しました。その結論のひとつとして、「がんばる → 褒める → がんばる」という循環を続けて、定着させることを目指しはじめました。

その具体的な事例のひとつに、**「グッドジョブ・カード」**があります。お互いの仕事のよいところや、感謝や励ましの気持ちなどを、このカードに書いて贈ります。

私たちはこの取り組みを2001年から始めましたが、2014年には褒める文化のさらなる醸成を目指して、「グッドジョブ・カード」を贈った人、受け取った人双方にポイントを付与し、貯まったポイントに応じてグレードを認定する制度を導入しました。また、経営理念に謳う「夢にあふれる未来」づくりへつながる仕組みとして、やり取りされたメッセージ1通につき1円を社会貢献活動に寄与する仕組みをスタートしました。

最初はなかなか根付かなかった「褒める」文化がようやく全社に広がってきています。今度はそれを「仕組み」としてどんどん発展させ、継続することが大切なのです。

Action
27

相手が急いでいたら、あえて「ゆっくりめ」に話す

POINT

締切時刻が迫るなか焦って作業をすると、注意力散漫になり、ミスを起こしやすくなる。仕事相手が焦っている様子なら、自分はあえてゆっくりめに話す。

航空業界で恐れられている「ハリーアップ・シンドローム」

作業時間が限られている。その期限が刻一刻と迫ってきた……。

このような状況に陥ると、人は「早くやらねば」とイライラするものです。「忙しい」は「心を亡くす」と書く、とよく言われますが、焦ってなにかをすると、普段はさほど苦もなくできるようなことができなくなったり、普段は踏んでいる手順を省いたりしてしまうものです。

航空業界では「ハリーアップ・シンドローム」と呼ばれる心の状態が問題視されています。時間に追われるあまり、注意力が散漫になったり、ストレスが溜まったりしている心の状態を言います。

フライトでの鉄則は安全第一です。安全は、ほかのなにかと天秤にかけられるものではありません。

しかし業界全体を見渡すと、定時運航を目指すあまり、ハリーアップ・シンドロームに陥ってしまうスタッフがいることも否めません。実際、航空機史上に残るような大事故のなかには、パイロットのハリーアップ・シンドロームが原因のひとつだったという結論に至ったものもあります。

自分も相手も焦っていないか「モニタリング」する

パイロットも人間です。定時運航を確保しようとして焦ってしまうこともあります。それ自体は、約束を守ろうとする誠実な心の表れです。

そこでANAの社員たちは、会話力を使って、焦っている人の行動を落ち着けるよう気をつけています。

機長の猿棒は、操縦室で隣に座るパイロットが焦っていると感じられたとき、わざとゆっくり話すよう心がけています。

例えば、副操縦士のAさんが、チェック項目の点検をし合うとき、焦っているようで、口調が早くなっているとします。

そのようなとき、隣にいる機長Bさんは、

「……（間2～3秒）。了解……（間2～3秒）。ログ・アンド・ドキュメント……（間2～3秒）」

といった具合に、**わざと少し間を置いて返事をしたり、話す速度をゆっくりめにしたりする**のです。

猿棒は「少しわざとらしいくらいがちょうどいい」と言います。その数分で、焦っていたパイロットは「ちょっと急ぎすぎていたな」と我に返ります。

パイロットは、相手を気にするだけではなく、**「自分が急ぎすぎていないか」「チームとして急ぎすぎていないか」を常に自らモニタリングする**ことを教育されます。自分で「急ぎすぎているな」と感じたときは自らを正す。相手の言動が「急ぎすぎているな」と感じたときは相手を正す。こうすることで、平常の状態を保つことに努めています。

近くに仕事で焦っている人がいたら、ゆっくりめに話しかけて、相手のペースを元に戻すアシストをしてみてはいかがでしょうか。

Action
28

文書の「型」をつくるとヌケ・モレがなくなる

POINT

個人の裁量で文書を作成すると、ヌケ・モレが発生し、相手に大切なことが正確に伝わらないことがある。フォーマットがあれば、それを防ぐことができる。

事実に即して、できるだけ具体的に

ANAの技術部門では、現場の整備士に整備作業の指示などをするとき、「エンジニアリング・オーダー」という文書を作成し、指示します。エンジニアリング・オーダーには**定型のフォーマット**があり、基本は5種類で構成されています。

❶作業指示が必要な理由
❷対象の機体番号、実施期限
❸必要な部品
❹必要な工具
❺指示の内容（具体的な作業手順書）

最初に書かれているのが、最も重要な「なぜこの作業が必要なのか、この作業をしないとどのような影響があるのか」です。例えば「ANAの機体では不具合は起こっていないが、海外他社の機体で不具合の報告があったので、念のため部品を取り替える」といったことです。

整備士の富田は、つぎのように話します。

「エンジニアリング・オーダーでは、指示内容を感情的な要素なしで伝えます。事実に即してできるだけ具体的に文書で伝えるので正確に伝わります。感情的なメッセージも含まれやすいメールとは違う利点があります」

「型」があると、コンディションに左右されづらい

ＡＮＡの整備部門のように会社で決まったフォーマットがなくても、繰り返し使う文書やメールの「型」をつくっておくと、ヌケ・モレがなくなります。

文書やメールを書くときに、自分がどのような感情、どのような気持ちになっているかは、予測不可能です。疲れがたまって集中力を欠いていたとしても、「型」に沿って書けば、最低限のクオリティを保つことができます。また、思いばかりが先走って、発注金額を書き忘れるといったミスもなくすことができます。

さまざまな文書の「型」

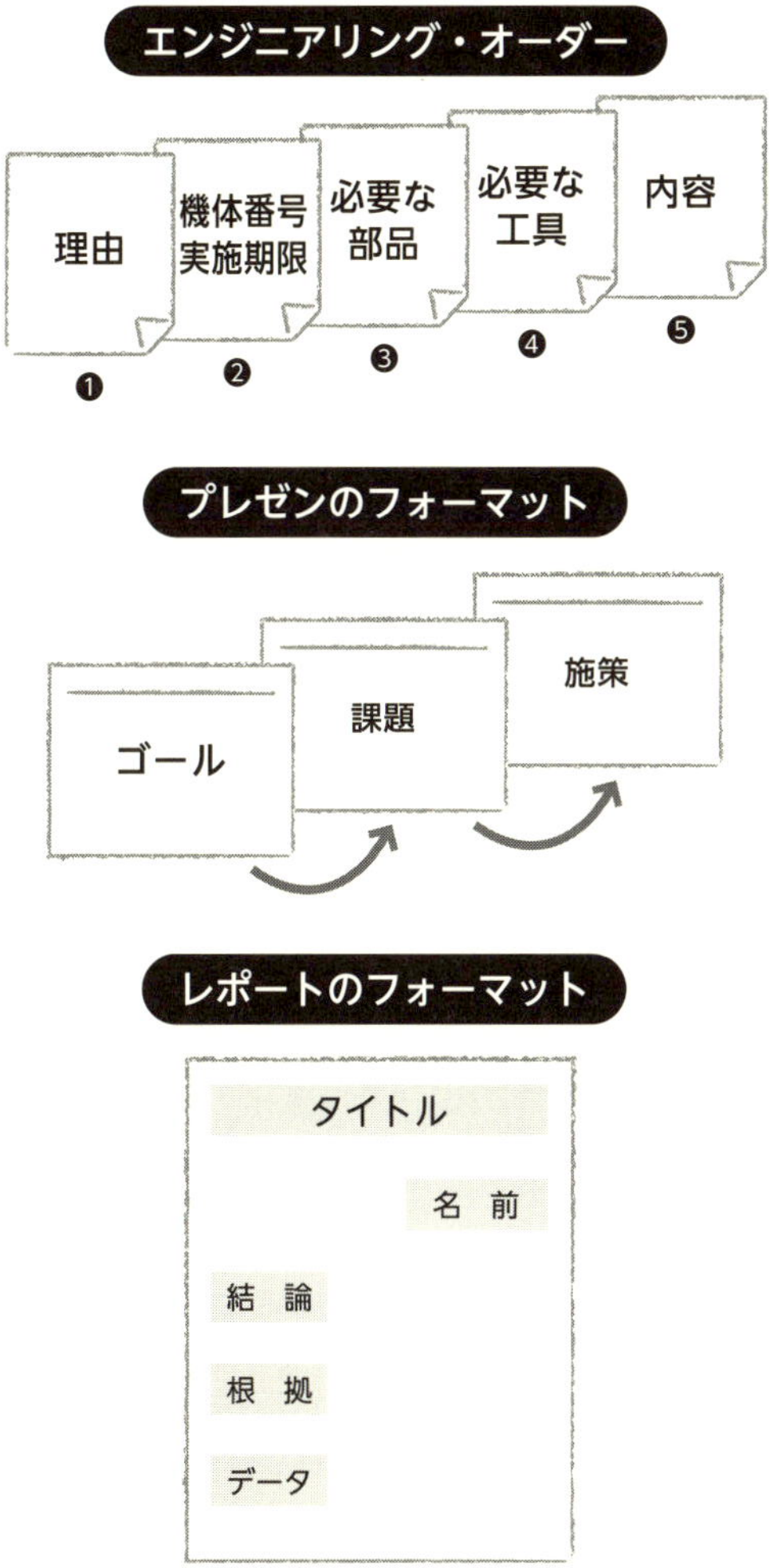
エンジニアリング・オーダー
理由
機体番号
実施期限
必要な
部品
必要な
工具
内容
❶
❷
❸
❹
❺
プレゼンのフォーマット
ゴール
課題
施策
レポートのフォーマット
タイトル
名　前
結　論
根　拠
データ

Action
29

気まずいことは「笑い《ウィット》」に変える

POINT

その場に応じて気の利いたことを言う能力がウィット。ウィットに富んだ話は、人を和ませたり、メンバーの士気を高めたりする。失敗を恐れずに。

「ウィット」は注意喚起の特効薬

CAは女子学生のアンケートで「憧れの職業」に選ばれることが多い職業です。もしかしたら、「上品」「おしとやか」「美人で近寄りがたい」といったイメージをもっている方もいるかもしれません。

ところが、機内でANAのCAたちと実際に接してみると、こうした「つくられたイメージ」とのギャップに驚くはずです。

ANAの行動指針として設けているANA'S Way、つまり「安全」「お客様視点」「社会への責任」「チームスピリット」「努力と挑戦」。この基本にプラスして、**ANAのCAたちは、いつでも「笑い」「ウィット」を忘れない**ようにしています。

CAの加藤は、「10分の会話をするとしたら、かならず笑いをとることを目指しています」と言います。仕事で一致団結するためには、メンバーに「この人の話を聞きたい」と思わせ、モチベーションを上げなければならない。その特効薬が、実は「笑い」なのです。「TEDカンファレンス」などで講演する、世界の超一流のプレゼンターたちも、かならず最初に冗談を言って、観客の笑いをとっています。

パーティー開始遅れの微妙な雰囲気、司会が告げたのは……

CAの林は、自らのこんな体験談を披露します。

ある日、社内で懇親を兼ねたパーティーが行われ、林が司会を務めました。パーティー開始時刻は18時30分。ところが、どうしても仕事が終わらず開始時刻に間に合わない社員がおり、みんなでその社員を待つことになりました。

通常こうした「待ち」の時間は、参加者の心のなかで「もう始まっていい時刻だよな」「早く始めようぜ」という気持ちが起こり、微妙な雰囲気が漂い始めるものです。時にはクレームになることもあります。

ここで司会の林は、こんなことを言って場を和ませようとしました。

「(機内アナウンス風に) みなさま。本日はご搭乗いただきましてまことにありがとうございます。当機のチーフパーサーを務めます、林と申します。18時30分の出発を予定しておりましたが、すべてのお客様がおそろいになるまで、あと15分ほどお待ちいただければと思います。いましばらくご歓談ください」

これで、会場のメンバーはどっと沸き、待っている時間も、にぎやかな雰囲気の中で会話が弾みました。15分遅れのパーティー開始にも勢いがついたと言います。

また、こんなこともありました。フライト勤務のときのこと。髪の毛が乱れたまま業務を始めようとしていたCAがいたと言います。林は彼女の姿を見て、「ひょっとしたら家で大変なことがあったのかも」などと察しました。

しかし、それをそのまま**「Aさん、髪の毛、乱れていますよ。どうしたの。家でなにかあったの？」とストレートに聞いてしまうと、深刻な雰囲気になってしまいます。**

ここで林は、このCAにこう話しかけました。

「あれ、髪が乱れるほど働いてきたの⁉　もう一回、鏡を見てみようか」

場の雰囲気を深刻にしないために機転を利かせつつも、相手の外見について指摘をしたわけです。

たとえすべっても、場が和めばよい

ウィットに富んだ話ができれば効果的です。しかし、うまくいかないとすべってしまいます。でも、**「すべってもかまわない、笑いがないよりはいい」**と加藤と林は声をそろえます。

「誰も笑ってくれないときもありますが、『あっ、加藤さん、いますべっちゃったな。かわいそうに』と思われれば、それでも場は和みますからね」（加藤）

「明るい環境をつくろうと努力をしている人に対しては、周りの人が『この人のためにがんばらないと』と思ってくれるものです」（林）

どっと笑いが起こらなくても、自分から相手に歩み寄ろうとしている姿勢は、相手に伝わるのです。

Chapter 6

ANA流
「上司から部下」への気づかい

Action

30

「権限」が「権力」にならないように意識する

POINT

権限と権力は異なる。権限は、責務を遂行する上で与えられた力。権力は、ポジションを利用して他人を強制する力。上司は権限を使えども、権力は使わない。

「権限」と「権力」を履《は》き違えてはいけない

仕事上、明確に意識されていてもされていなくても、部下などの下のポジションの人たちを率いる上司は、「権限」をもっているものです。

権限とは、ある範囲のことを正当に行うことができるものとして与えられている能力。また、その能力が及ぶ範囲。

上司には、上司として果たすべき責務が与えられているはずです。

ＡＮＡでいえば、安全運航を果たす、法令を守る、機体整備完了の確認をする、などです。そうした責務を果たす上で、必要なものとして与えられている能力が「権限」です。

しかし、権限は、ときに「権力」に変わりがちです。

権力とは、他人を強制して服従させる力。

「権力」となると、相手がどのような感情を抱こうとも、強制的に自分のやりたいことに従わせるといった意味合いをもつようになります。

権限と権力の違いを意識するのも気づかい

ＡＮＡのパイロットが受ける教育プログラムでは、「権限が権力にならないように心がけよ」と教え込まれます。

機長の猿棒はこう話します。

「権限に見合う振る舞いをしているかどうか、常に考えています。権限を使っていたつもりが、権力を振りかざすようになってしまうと、部下の社員たちから、それは違うだろうと捉えられてしまいますからね」

権限と権力は線引きしづらいもの。別ものであるということを常に意識して仕事に取り組むのは、なかなか難しいことではあります。けれども、こんな意識をもっていると、その違いを明確にできるのではないでしょうか。

・仕事の目的を達成するために部下を動かす力が「権限」
・自分の役職の高さを利用して部下を動かす力が「権力」

権限とはなにか、そして権力とはなにか。
それぞれに対して明確な意識をもち、権力でなく権限をもって部下に指示をする。
これも部下への気づかいのひとつといえます。

Action
31

みんながいる前で決して怒らない・叱らない

POINT

褒めることは、みんなのいる前でする。怒ることや叱ることは、みんなの前ではしない。叱るときは2人きりで。そして改善が見られれば、おおいに褒める。

褒めるときは、みんなの前で

企業の活動では、人がなにかの目的で集まる機会がいくつもあります。会議、ミーティング、私たちＡＮＡの運航乗務員であればブリーフィングなど。

こうした多くの人がいるところで、気づかいのできる上司が、積極的にすることと、積極的にしないことがあります。

・みんなの前で積極的にすること：**褒めること**
・みんなの前で積極的にしないこと：**怒ること・叱ること**

これは、私たちＡＮＡの社員が極力そうしたいと考えている気づかいです。

メンバーの誰かがよいことをしたとき、上司が褒める。できるだけ大勢の人がいる前で「○○さんが、昨日こんなことをしてくれました。ありがとう」と、感謝の言葉とともに褒めることを実践するようにします。

褒められた当人は、みんなの前で褒められればモチベーションが高まりますし、今後はみんなの模範になるという動機も得るはずです。また、それを聞いている人たちも「自分も見習ってがんばろう」と刺激を受けます。

こうした「みんなの前で褒める」という行為をより体系的にしたものが、Chapter5でも紹介した「グッドジョブ・カード」（155ページ参照）です。

叱るときは2人きりで、その後の改善を褒める

一方、気づかいすべきというより、ご法度《はっと》に近いのが、「みんなのいる前で人を怒る・叱る」という行為です。

怒るとは腹を立てること。叱るとは、相手のよからぬ言動をとがめ、強い態度で責めることを言います。

「おまえのやることなすこと、まわりの状況がなにも見えていないからそうなるんだ。ちょっとは上達しろよ！」

こんな叱りとも怒りともとれる言葉を、みんながいる前で浴びせかけられたら、当

人は傷つきます。聞いている人たちにとっても、よい時間を過ごしているとはいえません。

怒るという行為は、理性を忘れて感情に任せる行為ですので、みんなのいないときも慎むべきです。

では、相手を叱る行為についてはどうでしょうか。

CAの林はこう答えます。

「叱ることも、褒めることと同様に人を育てることですから大切です。相手の行為をしばらく見ていて、叱ることがあれば当人となるべく2人きりになります。そして、『いま、あなたのしたことにはこういう問題があった』とストレートに伝えます。ただし、その行為には理由があるかもしれないので、なぜそのような行為をしたのか理由を聞くようにします」

もうひとつ、「叱った後、その相手の行為をよく見ることも大切」と林は続けます。

「叱ったことについて、当人が直していたり、できるようになっていたりしたら、かならずそれを褒めるようにします」

ヒューマンエラーは、誰の身にも降りかかると心得る

人が起こす「ヒューマンエラー」についても考えてみます。ルール違反、怠慢、手抜きといった故意によるものについては、叱る対象になりますが、**ヒューマンエラーについては、叱る対象にはなりません。**

人は、本質的にヒューマンエラーを起こすものです。見間違い、思い込み、記憶忘れ、操作間違いといった人間の性質に起因するさまざまな原因があるからです。

整備士の山内は、「Aさんが失敗した事例は、そのときはたまたまAさんだったが、Bさんにも、Cさんにも起こりうるもの、というのが基本的な考え方です」と話します。

たまたまAさんが起こしたヒューマンエラーについて、その原因を分析し、その事例や原因をほかの社員の間でも共有することが大切です。

Aさんに対して、上司は怒ったり叱ったりするのでなく、「今後、同じようなヒュ

ーマンエラーを起こさないために必要だから」という態度で、そのときの経緯などを聞きます。

同じく整備士の富田は、「不具合につながりかねないヒヤリとした、ハッとした事象を『ヒヤリハット』と言います。誰もが起こしうるヒヤリハットの情報をみんなで共有し、検討して対策をとっておくことはとても重要で、どの部署でもヒヤリハットを不具合の未然防止に活かしています」と話します。

Action
32

人にしてほしいなら、まず自分で実践

POINT

部下などにしてほしいことがあるとき、自分で見本を示してあげると、「この人の言うことは聞こう」と思ってもらえる。納得度合いも高まる。

学ぶとは真似ること。自分で実践して真似てもらう

部下、後輩と仕事をするなかで、「こいつ、もう少しここをこうしてくれるといいんだよな」と思う瞬間はあるでしょう。

そうしたとき、機長の猿棒が実践していることがあります。それは、「自分でやってみせる」ということです。

「辞書にもありますが、『学ぶ』は、つまり『真似る』ということです。副操縦士は機長のしていることを真似て育っていくものです。フライトの途中で気づいた注意点は、口頭で伝えるのはもちろんですが、自らやってみせるように気をつけています」

例えば、羽田と地方空港を往復する計2回のフライトで、機長と副操縦士がいっしょになったとします。

機長と副操縦士にはその役職とは別に、フライト中、主に操縦を担当する「パイロット・フライング（ＰＦ）」と、主にモニターや通信を担当する「パイロット・モニ

タリング（ＰＭ）」の役割があります。

２回のフライトでは、ＰＦ役とＰＭ役を入れ替えることがありますが、この機会を利用するのです。

１回目のフライトで、まず副操縦士がＰＦ役。そこで、機長はＰＭ役にまわりながら、副操縦士の操縦ぶりを見ます。そして着陸後、１回目のフライトを振り返るデブリーフィングをした後、２回目のフライトは機長がＰＦ役になり、デブリーフィングで指摘したことを自分で「こうやるんだよ」と実際にやってみせるのです。

口頭で注意したり、指摘したことを、その後フライトで自ら見せる。後輩は、その様子を目の当たりにすることで、「この人の言うことを聞こう」と心底思えるようになるのです。

自分がつくった文書の実例を参考に見せる

この方法は、オフィス業務でもすぐに応用可能です。

上司や先輩から数字や目標を示され「これを達成してほしい」と言われた部下は、

「具体的にどうすればいいんだろう」と思うものです。

そのとき上司や先輩は、もし自分で過去に経験してきた実例があるのであれば、それを実際に示してあげる。

例えば、自分で顧客に依頼したときの文書を部下に「これを参考にアレンジしたらどうかな」などと示してあげる。そうした見本は、部下にとって「こうすれば達成できる」という実践的な指針になるはずです。

Action
33

部下をアシストして「成功体験」を積ませる

POINT

部下の失敗体験について、上司はより簡単に挽回しやすい同様の体験をお膳立てして、部下に成功体験の機会を与えることができる。

「暑いんだよ」と言われた新人CAをチーフパーサーがフォロー

Chapter3で、ある若いCAが先輩CAを見習って、乗客の方に毛布をそっとかけてあげたところ「暑いんだよ！」と迷惑がられてしまった、という話をしました（80ページ参照）。

じつは、このエピソードには続きがあります。

お客様に怒られてしまい、しょんぼりしていた新人CAに、チーフパーサーがお客様の目につかないギャレーで声をかけました。

チーフパーサー「あのお客様は、スーツを着たままだったけど、シャツのボタンを外していたから、暑さはちょうどよかったのかもしれないね。寒いと感じていたらコートもひざにかけていたかも」

新人CA「たしかに、そうだったかもしれません」

チーフパーサー「でも、こんなアドバイスをしてる私もね、CAになりたてのとき、毛布であなたと似たような経験をしたことがあるのよ。お客様から『なんであの客には毛布をかけて、俺にはかけてくれないんだよ』って。それ以来、毛布をおかけしたら、まわりを見て他にも望んでいらっしゃるお客様がいないかって観察してるの」

うまくいかなかった理由をいっしょに考え、自分から関連するような失敗談を示し、さらにそれをどう改善していったかを示したわけです。新人CAは、「今度からはここに注目すればよい」という改善点と、「自分だけではないんだ」という安心感を得ることができました。

成功の確信がもてたら、部下に成功体験をさせる

その後、このチーフパーサーは、機内の別の席で少し寒そうにしているお客様を見つけました。コートをひざかけ代わりにしています。

チーフパーサーは、さっきの若手CAに「ねぇ、今度は24番のCのお客様が寒そう

にしているから、毛布を持ってもう一回チャレンジしてきたら？」と言いました。チーフパーサーには、経験上「このお客様にだったら、9割ぐらいの確率で成功する」という確信がありました。

若手CAは、そのお客様のところへ行き、おそるおそる「毛布をお使いになりますか」と尋ねました。「ありがとう。ちょうどかけるものがあるといいなって思ってたんです」と、お客様に言われました。

部下や後輩が、失敗して落ち込んでいたり、スランプに陥っているとき、どんな小さなことでもいいので、「成功体験」をお膳立てするとよいでしょう。

これは、経験がある上司・先輩だからこそできること。「これはおそらくうまくいくだろう」という場面で自分が行動して手柄にするのでなく、成功体験をさせてあげたい部下に行動の機会を与えるのです。

自分がシュートをせずに、部下や後輩のゴールをアシストする。これも、上司が部下にしてあげられる気づかいです。

Action 34

上司・先輩が待ち合わせに早く行き過ぎない

POINT

待ち合わせのとき、上司が部下に「集合時刻までに来ればいい」とひと言伝えておくとよい。部下は待ち合わせまでの時間を有効に使うことができる。

「先輩より早く」がエスカレートすると、大切な時間が奪われていく

上下関係がいまも厳然とあるような企業では、「待ち合わせで上司を待たせてはいけない。部下が先に待っているべし」という心得のようなものがあるかもしれません。

ANAのパイロットの間でも、基本的に副操縦士が機長を待ち合わせ場所で迎える場合が多い文化で、いまもその慣習は続いています。

部下が上司を待ち合わせ場所で迎えるとなると、当然、部下は上司より早く来ていなければなりません。

例えば、出張で滞在しているホテルで「朝8時30分にロビーに集合」という場合、「上司よりも早く」と考えると、8時20分ないし8時15分頃にはロビーで待っているということになりかねません。

そこで猿棒が、かならず実践していることがあります。

「フライトの前日、機長が集合時刻を副操縦士に告げるときに、『集合時刻までに来ればいいからね』とひと言、加えておくのです」

「無言の重圧」をかけない

とくに朝の時間帯は、食事もあれば、歯磨きや洗顔、身支度などもあり、慌ただしいもの。ただ単に上司を待つために先に来て5分も10分も時間を過ごすのであれば、その時間を有効に使ってほしい、という気づかいと言えます。

「実際に、待ち合わせ場所に行くときも、自分が早く到着し過ぎていることがないようにしています。部下にとって無言の重圧になりますので」と猿棒は続けます。

部下が上司の時間を気にするのは一般的ですが、ＡＮＡでは、その逆の気づかいも行われているのです。

Chapter 7

気づかいを「チーム」で活かす方法

Action

35

気づかいは「仕組み化」できる

POINT

みんながいいなと感じた気づかいは、チームで共有する。その気づかいを仕組みに落とし込み、みんなが行動できるようにすることが大切。

「気づかい → 気づき → 仕組み化」

気づかいとは本来、人から自発的に出てくるものです。そのためこれまでは、属人的で「気づかいは生まれつきのもの」「個人の属性」という考え方が一般的だったかもしれません。

ANAでは、気づかいを一人の「スキル」にとどめておくのはもったいない、と考えます。

ある人が行った気づかいがよかったら、それをチームで共有化したり、仕組み化したりして、全社に広げています。

気づかいをする → 気づかいの有用性に気づく → 気づかいの中身を仕組み化する

このプロセスで、気づかいの仕組み化を目指すのです。

「気軽に情報交換ができるように」という気づかい

例えば、整備部門には「コンタクト」という仕組みがあります。これは、社員の気づかいの実践から仕組みが生まれた事例といえます。「コンタクト」は、部品整備の担当者と機体整備の担当者が情報交換を行うシステムです。

例えば、部品整備の担当者から機体整備の担当者に、「この部品を交換したときの機体の不具合の状況を詳しく教えてください」といった情報が伝えられます。また、機体整備の担当者から部品整備の担当者に「この部品を機体に取り付けて不具合が出ました。工場で修理した内容を教えてください」などの情報が伝えられます。

現在は、修理した完成品にその部品を修理した作業者の名前、連絡先情報を記載しており、**機体整備の担当者は、部品整備の担当者の問い合わせ先が簡単にわかるようになっています。**

情報交換の仕組み「コンタクト」

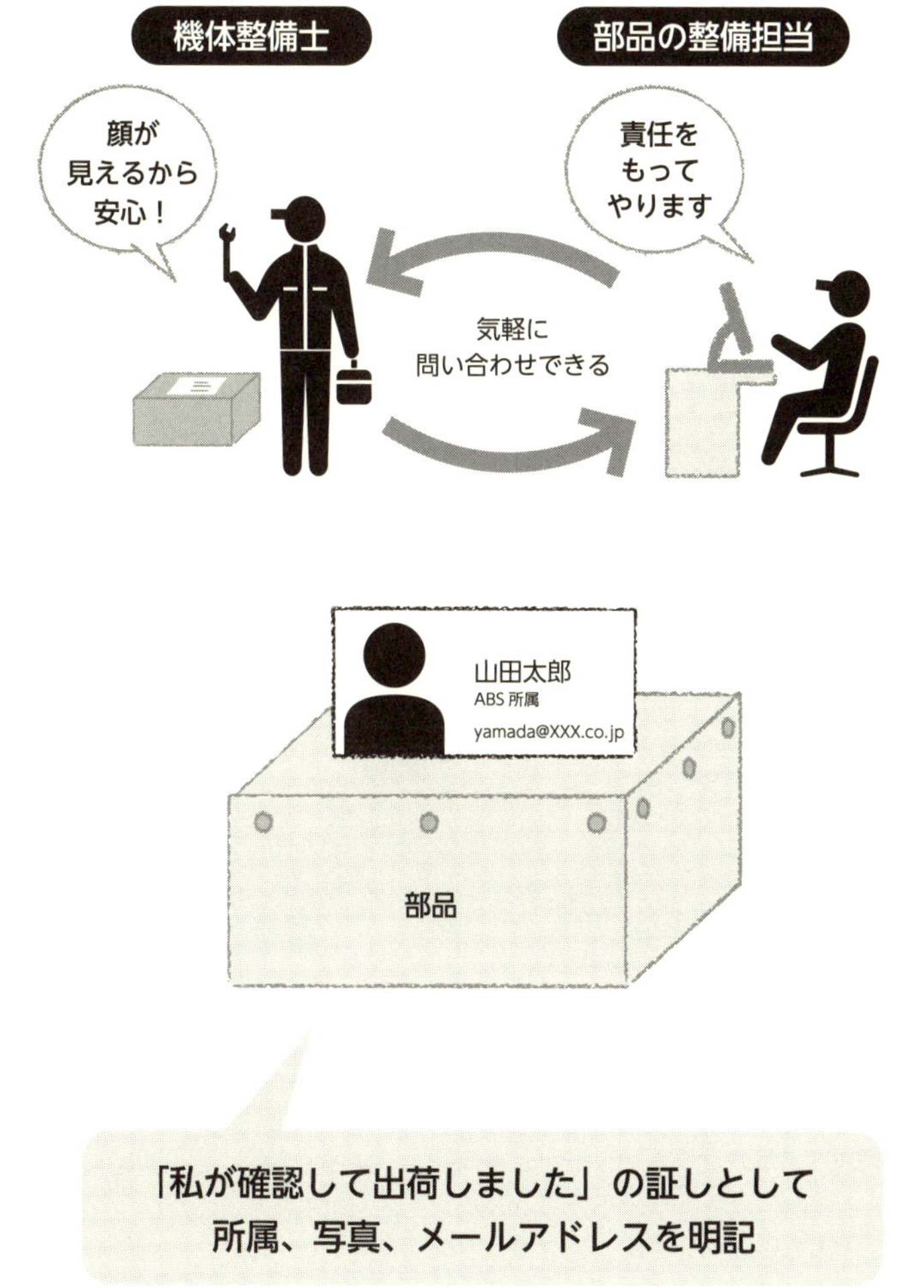

また、ある事業所で修理した部品には**顔写真もつけられているため、親しみをもって気軽に問い合わせができる**という効果もあります。

故障がきっかけで、気づかいが全社に広がる

この「コンタクト」という仕組みは、つぎのような出来事がきっかけで生まれました。

部品整備の担当者は故障などにより交換した航空機の部品を、工場の建屋の中で点検・修理を行いますが、その部品の点検をしても故障が再現できないことがありました。

このため、部品の整備担当者は直接、機体整備の担当者に部品を交換したときの状況を詳しく聞きたかったのですが、面識がないためすぐに確認することはできませんでした。

それでもなんとかしたいと思った部品の整備担当者は、直接、機体整備の担当者に連絡をとって、詳しい状況を聞き、部品の修理を無事に済ませることができました。

そこで、「もっと気軽に機体と部品整備の担当者の情報交換ができないか」という考えから、「コンタクト」という情報交換システムができたのです。

あなたのまわりに、特定の人だけが行っている気づかいはないでしょうか。それらの気づかいも仕組み化すれば、働きやすい職場になるはずです。

Action
36

「なにもしないこと」も
また気づかい

POINT

気づかいの心から生じるものは「行動」だけではない。「行動しない」という判断もありえる。行動すべきか行動すべきでないか、相手に尋ねることもできる。

「行動すること」ばかりが方策ではない

本書では、ここまで「気づかいの心で相手のために行動する」ための方法を、いくつもの事例とともに挙げてきました。

しかし、「気づかいの心で」の先に来るものは「行動する」だけではありません。

あえて、「行動しない」ほうがいい場面もあります。

人は、「自分はこれをやった」ということを人に認識してもらいたい願望があるのでしょう。「策をこうじて行動に移した」ことについては、成功しても失敗しても「行動した結果だから」と評価を受けやすいものです。

その一方で「策をこうじて行動しないことにした」となると、「なぜ行動しなかったんだ」と批判されがちです。「行動しないほうがよい結果になると考えたから」という理由は、あまり評価されません。

しかし、自分がその場で「なにも実行しない」のが最善策という場合もあるのです。

親切のつもりで毛布を畳んだら……

ＡＮＡのＣＡは、一日のうちに複数のフライトをする際、同じ飛行機のまま乗務することがあります。

その際、つぎの便までの間、ＣＡは地上の機内に残って食事をとります。その傍らで、つぎのフライトの準備のため、清掃担当スタッフや、搭載担当スタッフなどが飛行機に乗り込んできて、手早く準備を始めていきます。

食事を終えたＣＡもまた、つぎのフライトの準備を始めますが、機内では清掃担当者が清掃をし、ギャレーでは搭載担当者が飲み物などの搭載作業をしています。

そんな状況のなか、あるＣＡが気づかいの心から、清掃担当者のために毛布を畳んだとします。ところが、畳み方が間違っていたりすると、清掃担当者から「もう一度、畳みなおさないと。これじゃ二度手間だ」と思われてしまいます。よかれと思って実行したことが、裏目に出てしまう例です。

自らも、余計な気づかいで失敗した経験があるCAの加藤は、「この場合、毛布を畳むのはエキスパートの清掃担当者に任せて、なにもしない（自分たちがいまできる準備をする）のが正解」と言います。

「お手伝いできることはありますか？」

でも、線引きが難しい「行動しない気づかい」と「行動する気づかい」を、どう使い分ければよいのでしょうか。

ＣＡの林は、単純明快な答えを示します。

「手伝ったほうがよいかどうか迷ったら、『お手伝いできることはありますか？』と尋ねればいいのです。それに、もし自分がその場所にいることが清掃の邪魔ではないかと思ったら『私、ここにいて邪魔になりますか？』と尋ねればいい。黙って自分で判断するより、尋ねるほうが明確な回答を得られます」

こうした「お手伝いできることはありますか？」や「邪魔になりますか？」という

問いに対して、相手がつい遠慮をして、本当は大丈夫でないのに「いえ、大丈夫ですよ」と答えることも往々にしてあります。

「そうならないため、日常的にあいさつをしたり、会話をしたりすることが大切」とも林は言います。

邪魔だったら「邪魔だよ」と正直に言ってもらえる関係をつくっておく。そういう間柄になっておけば、相手も自分も仕事がスムーズに進みます。

「行動する気づかい」と「行動しない気づかい」

行動する気づかい
お手伝いできることはないかな…
行動しない気づかい
余計なことをしないほうがいいかも…

どちらにするか迷ったときは……

お手伝いできることはありますか？

自分で判断するよりも直接尋ねたほうが
相手が望む行動をとることができる

Action
37

気づかいは、組織に「伝染」する

POINT

気づかいは、人から人へと伝わる力をもっている。自分の気づかいから、仲間の気づかいが生まれる。その繰り返しが、「気づかい文化」を醸成する。

気づかいには、人から人へと伝わる力がある

ＡＮＡが新入社員をリクルーティングするとき、気づかいできそうな人材を意識して採用しようとしているわけではありません。

気づかいを当たり前のようにするチームの中に入ると、自分も気づかいをするようになっていく。これが事実です。気づかいは「チームで仕事を進めていく上で、なくてはならない」ものだからです。

機長の猿棒は、こう話します。

「自分は気づかいのある先輩に育てられてきました。先輩の気づかいを受けて、自分たちもおのずと気づかいが必要という感覚が生まれたんだと思います」

では、いったいどのように「気づかい」が社内で習慣化されていったのでしょう。

整備士の山内は、つぎのように説明します。

「それは、社員一人ひとりが全体最適の考え方をしているからだと思います。ＡＮＡをご利用いただく乗客の方々に、安全で定時の運航を提供するという、ＡＮＡ全体と

しての目標を社員みんなが共有していることが、気づかいを伝染させる条件ではないでしょうか」

全体最適とは、組織の一部分でなく、全体が最適化されている状況のこと。全体最適がなされていると、組織としての明確な目的に向かって、組織を構成する部分（つまり部門や部署）がベストを尽くすという状態が生まれます。そして、そうした状態にある組織においてこそ、気づかいが習慣化されるというわけです。

部署同士、あるいは社員同士が、それぞれに異なる第一目標をもってその達成を目指している場合、協力関係はなかなか生まれづらいものです。

しかし、全体最適を前提に、目指しているものが共有されていれば、「自分が相手にしてあげることは、自分の目指すところとも一致する」という状況に自然となります。

もし、あなたが日々仕事をしている職場や組織に「気づかい」があると感じられれば、ぜひ、みなさんでその気づかいを、会社の文化になるまで育ててあげてください。

もし、「気づかい」がまだまだ足りないと感じられれば、ぜひあなたからまわりの

気づかいは伝染する

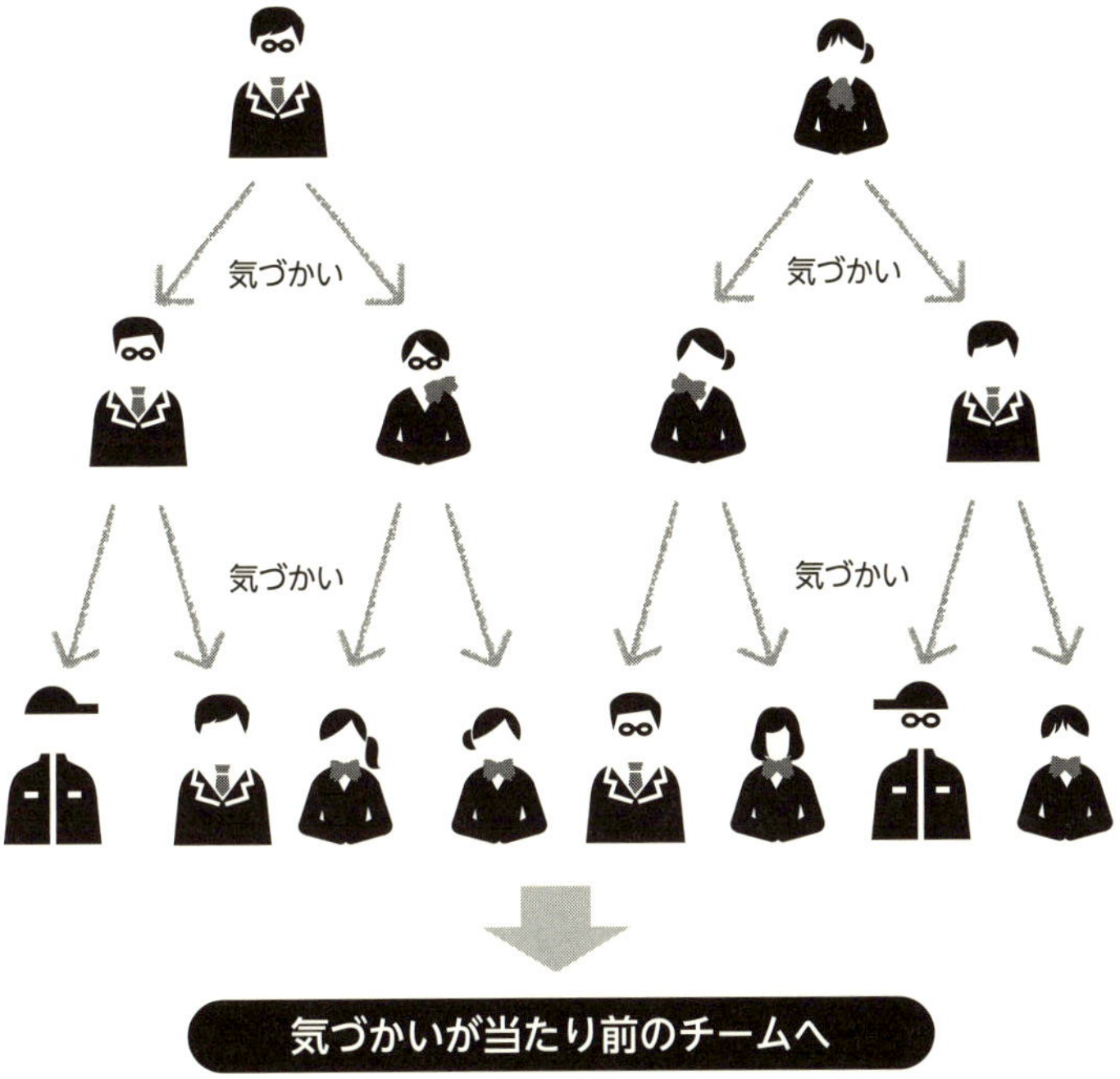

**誰か１人が気づかいをすると、
されたほうも気づかいをするようになり、
気づかいの文化が広がっていく**

人たちに対する気づかいを始めてみてください。

- **1秒、相手のことを想像してみる**
- **一歩先のことを想像してみる**

この2つを意識すれば、自分でできる気づかいはたくさんある、ということに気づくことができます。

自分が気づかいをしていると仲間もするようになる。仲間が気づかいをしていると自分もするようになる。

気づかいは、人から人へと伝わる力をもっているのです。

おわりに

本書ではなるべく「行動」に落とすよう努めましたが、気づかいは、本来目に見えづらいことです。だからこそ人から人へ、言葉から言葉へ、手から手へ、伝承していかなければなりません。古典の名作としてアルバムの中に収めてしまっては、絶対にいけないのです。

「お客様のお荷物は、宝物のように大切に扱う」

今回のインタビューで、勤続20年のＣＡの林が述べた「気づかい」です。宝物だと思えば、両手で受け取る。宝物だと思えば、手荷物入れに上げるときも丁寧に扱う。宝物だと思えば、絶対に落とさない……。

とてもＡＮＡらしいエピソードでしたが、本編には掲載しませんでした。なぜなら、すべてのＣＡが実践できているか、確信が持てなかったからです。

「よりお客様に喜んでいただくために」
「より安全性を高めるために」
「より品質を向上させるために」
「より仲間とチームワークよく仕事をするために」……。

これからのＡＮＡに大切なのは、私たちが行動指針として設けているANA'S WAY「安全」「お客様視点」「社会への責任」「チームスピリット」「努力と挑戦」を体現するため、こうしたベテラン社員のノウハウを、個人のもので終わらせず、組織に広げていくこと。ベテランは率先垂範し、若手はベテランから盗む。そのサイクルを、もっともっと、徹底していくことだと思います。

最後に、取材から執筆、原稿作成までご協力をいただいた、ライターの漆原次郎さんに、深く御礼を申し上げます。

２０１５年12月

ＡＮＡビジネスソリューション

〔著者紹介〕

ANAビジネスソリューション

ANAホールディングスの100%子会社。ANAグループのノウハウを活かし、主に「研修事業」「人材派遣事業」を行う。

研修の内容は「接遇&ビジネスマナー」「ヒューマンエラー対策」「コミュニケーション」など。メーカー、小売り、サービス業、医療機関、自治体など、あらゆる業種、業態からの依頼を受け、企業・個人に向けた研修を行っている。

社内で「青い血」と呼ぶDNAの継承を大切にしており、研修はすべて、ANA社員として長年勤務してきた、あるいは現役で勤務する講師が務める。

著書に『どんな問題も「チーム」で解決する　ANAの口ぐせ』(KADOKAWA) がある。


仕事も人間関係もうまくいく　ANAの気づかい（検印省略）

2015年12月11日　第1刷発行
2024年9月20日　第13刷発行

著　者　ANAビジネスソリューション
発行者　山下　直久

発　行　株式会社KADOKAWA
〒102-8177　東京都千代田区富士見2-13-3
電話 0570-002-301（ナビダイヤル）

●お問い合わせ
https://www.kadokawa.co.jp/（「お問い合わせ」へお進みください）
※内容によっては、お答えできない場合があります。
※サポートは日本国内のみとさせていただきます。
※Japanese text only

定価はカバーに表示してあります。

DTP／ニッタプリントサービス　印刷／暁印刷　製本／本間製本

ISBN978-4-04-601313-2　C2034